Güter annehmen und kontrollieren

1 Logistik und Lagerlogistik

Einstiegssituation: Anforderungen an die Logistik

Die Speedbike GmbH & Co KG fertigt hochwertige Fahrräder. In ihrer zweiten Woche bei der Speedbike GmbH & Co KG wird Diana Witt von Kevin Schneider, Auszubildendem im dritten Lehrjahr, durch alle Abteilungen geführt. Im Lager für Fremdbauteile sieht Diana staunend, wie viele verschiedene Teile dort lagern. Es gibt Kartonbeschriftungen in den verschiedensten Sprachen.

Kevin erklärt:
„Da staunst du, was? Ja, die Teile kommen von überall her. Diese Fahrradketten kommen aus China, die Hyperglide-Ritzel aus der Schweiz – bei dem Lieferanten müssen wir Monate vorher bestellen. Die meisten Brems- und Schaltzüge kommen aus Korea, diese Sattel sind aus Indien, die haben auch lange Lieferfristen und es gibt häufig Lieferungsverzögerungen. Diese hochwertigen Lenker hier kommen aus Norwegen. Obwohl wir nur kleine Stückzahlen abnehmen, liefert der Hersteller zu einem für die Qualität günstigen Preis.
Herr Kowalski vom Einkauf ist für all das zuständig, er hat eine ganz schöne Verantwortung – natürlich gemeinsam mit dem Produktionsleiter, Herrn Braun, der die Mengen planen muss. Aber da kommen wir noch hin.“

Fahrradteile

1. Welche Anforderungen hat Herr Kowalski aus dem Einkauf zu bewältigen?
2. Welche Ziele werden in der Logistik angestrebt und was hat die Tätigkeit von Herrn Kowalski mit Logistik zu tun?
3. Welche Probleme können bei der Planung und Beschaffung der Fremdbauteile für die Produktion auftreten?

Erarbeitungsaufgaben

1. Der folgende Text enthält vier falsche Aussagen. Markieren Sie diese und korrigieren Sie die Falschaussagen in Ihrem Arbeitsheft.

> Die Logistik (engl. *locomotion*) umfasst den Prozess der Planung, Steuerung, Durchführung und Beratung des gesamten Materialflusses und des dazugehörigen Informationsflusses. Unter „Materialfluss“ versteht man den Weg der Roh-, Hilfs- und Betriebsstoffe, Handelswaren oder Betriebsmittel vom Zeitpunkt der Kommissionierung bis zur Verpackung. Informationen sind z. B. Daten über Lieferanten und Kunden, die in Form von Belegen oder auf dem Bildschirm verfügbar sind. Beim Informationsfluss können zwei Arten unterschieden werden: den vorauslaufenden Informationsfluss (z. B. Angebote einholen) und den nachlaufenden Informationsfluss (z. B. Rechnung an den Kunden).

[Einstieg]
[Erarbeitung]
[Training]
[Projekte]
[Lernsituation]

2. Nennen Sie die verschiedenen Teilbereiche der Unternehmenslogisitk.

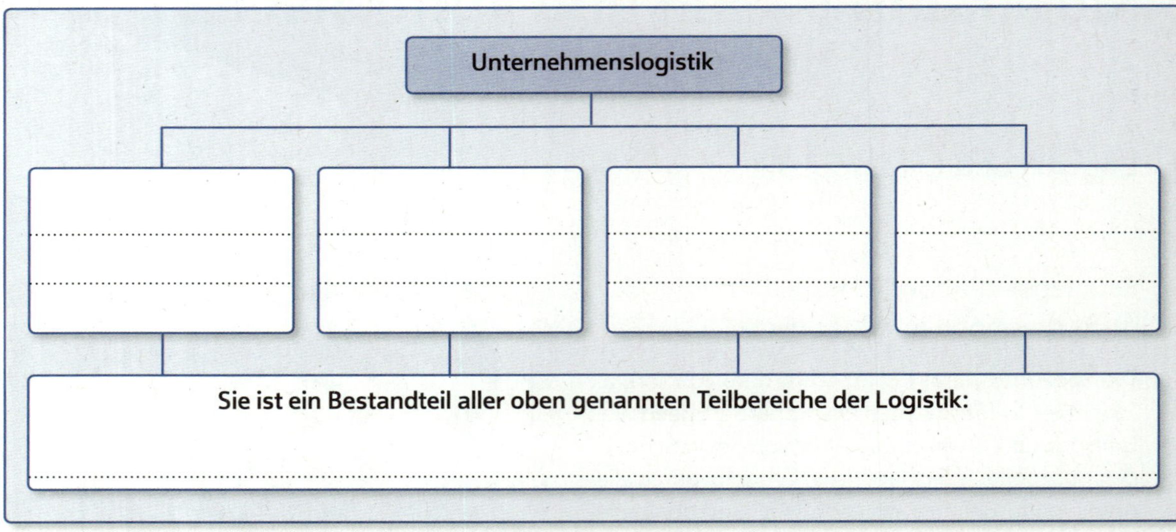

3. Welchem weiteren Teilbereich der Unternehmenslogistik, außer der Lagerlogistik, können die folgenden Tätigkeiten zugeordnet werden?

a) Carsten bringt mit dem Gabelstapler drei Paletten Granulat vom Lager zur Produktion.

....

b) Patrick erstellt den Produktionsplan für die nächste Woche.

....

c) Marlen holt von verschiedenen Lieferanten Angebote für Kopierpapier ein.

....

d) Dimitri sammelt im Lager die leeren Europaletten ein.

....

e) Eric erstellt den Lieferschein und die Rechnung für die Lieferung an den Kunden Meier.

....

f) Florian sortiert das Leergut.

....

g) Merle kontrolliert die angelieferte Ware.

....

h) Veronika verpackt die kommissionierte Ware.

....

Trainingsaufgaben

1. Was ist Logistik?
2. Was versteht man unter einem Materialfluss in der Logistik?
3. Was versteht man unter einem Informationsfluss in der Logistik?
4. Welche Informationsflüsse können unterschieden werden?
5. Erläutern Sie die Aufgabe der Logistik.
6. Nennen Sie die Teilbereiche der Logistik innerhalb der Unternehmenslogistik.
7. Nennen Sie drei Tätigkeiten im Wareneingang.
8. Nennen Sie drei Tätigkeiten im Warenlager.
9. Nennen Sie drei Tätigkeiten im Warenausgang.
10. Nennen Sie drei Tätigkeiten in der Lagerverwaltung.

2 Unfallgefahr und Arbeitsschutz

Einstiegssituation: Der erste Arbeitstag

Maja Wiener beginnt ihre Ausbildung zur Fachlageristin bei der ALLMÖ GmbH. An ihrem ersten Arbeitstag muss sie gleich zum Lagerleiter, der ihr einen langen Vortrag über Arbeits- und Gesundheitsschutz im Betrieb hält, die sogenannte Erstunterweisung. Als sie danach das Lager betritt, bietet sich ihr folgendes Bild:

Im Lager der ALLMÖ GmbH

„Oh Mann, sind das viele Zeichen! Ob ich die alle kennen und befolgen muss?“, fragt sich Maja Wiener.

1. Auch Sie erhielten zu Beginn Ihrer Ausbildung eine Erstunterweisung. Welche Punkte wurden in Ihrer Erstunterweisung angesprochen?
2. Beschreiben Sie die Abbildung und erläutern Sie, welche Verbote, Vorschriften, Hinweise und Gebote die Kennzeichnungen enthalten.

[Einstieg]
[Erarbeitung]
[Training]
[Projekte]
[Lernsituation]

Erarbeitungsaufgaben

1. Kennzeichnen Sie mit [R] bzw. [F], welche Aussagen zu den Gesetzen, Verordnungen und Vorschriften am Arbeitsplatz richtig und welche falsch sind.

a) Arbeits- und Gesundheitsschutz im Betrieb ist eine freiwillige Angelegenheit. ☐

b) Wichtige Regeln zur Sicherheit am Arbeitsplatz sind in den DGUV-Vorschriften, auch „Unfallverhütungsvorschriften“ (kurz: „UVV“) genannt, enthalten. ☐

c) Die UVV beinhalten nur Rechte und Pflichten von Arbeitgebern hinsichtlich des Arbeits- und Unfallschutzes. ☐

d) Die UVV regeln die sicherheitstechnischen Anforderungen an Einrichtungen, Arbeitsmittel, Anlagen und Maschinen und geben damit verbundene Verhaltensvorschriften vor. ☐

e) Die UVV regeln die Arbeits- und Pausenzeiten der Mitarbeiter. ☐

f) Die UVV sind z. B. am Schwarzen Brett auszuhängen und damit allen Mitarbeitern zugänglich zu machen. ☐

g) Vor Beginn der Beschäftigung und danach alle sechs Monate ist eine Unterweisung der Beschäftigten durchzuführen. ☐

h) Durch Betriebsanweisungen werden Unfälle am Arbeitsplatz komplett ausgeschlossen. ☐

i) Arbeitsschutz ist ausschließlich Chefsache. ☐

j) Entsprechend ihrer Form und Farben können fünf Kategorien der Sicherheits- und Gesundheitsschutzkennzeichnung unterschieden werden. ☐

2. Ordnen Sie die folgenden Beispiele den verschiedenen Punkten der Erstunterweisung zu, indem Sie diese in das entsprechende Kästchen eintragen.

- Urlaubsregelungen
- Standort von Feuerlöscheinrichtungen
- Betriebsanweisungen am Arbeitsplatz
- Gefährdungs- und Schutzmaßnahmen am Arbeitsplatz
- Arbeitgeber und direkte Vorgesetzte
- Werksausweis
- Verlauf von Flucht- und Rettungswegen
- Arbeitsschutzorganisation im Betrieb

Wichtige Punkte der Erstunterweisung	
	Betriebsorganisation
	Allgemeine Betriebsregelungen
 	Brandschutz und Erste Hilfe
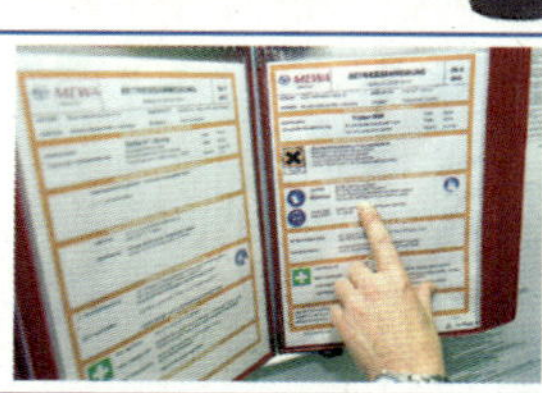	Einweisung am Arbeitsplatz

[Einstieg]
[Erarbeitung]
[Training]
[Projekte]
[Lernsituation]

3. Erklären Sie, um welche Art von Zeichen es sich nachfolgend jeweils handelt und welche Bedeutung und Farbe die abgebildeten Zeichen haben.

Zeichen	Zeichenart	Bedeutung	Farbe

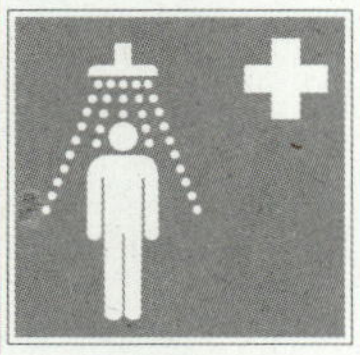			

4. Nach einem Arbeitsunfall in Ihrem Betrieb fragt Sie ein Freund, wer eigentlich für die Einhaltung der Arbeitsschutzvorschriften in Ihrem Betrieb verantwortlich ist. Welche Antwort geben Sie?

(1) Nur der Arbeitnehmer

(2) Nur die Berufsgenossenschaft und das Gewerbeaufsichtsamt

(3) Arbeitgeber und die freiwillige Feuerwehr

(4) Arbeitgeber und alle Arbeitnehmer

(5) Nur die im Sicherheitsdienst beschäftigten Personen ☐

5. Worauf weist das abgebildete Sicherheitszeichen hin?

(1) Auf den Weg zu einem Notruftelefon

(2) Auf den Weg zum Pausenraum

(3) Auf den Weg zu einem Aufzug

(4) Auf die Richtung, die zum Hauptausgang führt

(5) Auf einen Rettungsweg mit Richtungsangabe ☐

[Einstieg]
[Erarbeitung]
[Training]
[Projekte]
[Lernsituation]

6. Welche Bedeutung hat das abgebildete Sicherheitszeichen?

(1) Mit Wasser löschen verboten
(2) Flüssigkeitsentnahme nur in in einer Wanne
(3) Kein Trinkwasser
(4) Wasserentnahme verboten
(5) Wasserentnahme in kleinen Mengen verboten ☐

7. Vervollständigen Sie den nachfolgenden Text, indem Sie in die Lücken den jeweils fehlenden Begriff eintragen.
Fehlende Begriffe:

- abgestimmt
- ausreichend
- bestimmungsgemäß
- Betriebsanweisung
- CE-Kennzeichnung
- eine einzige
- ergonomischen
- gut funktionieren
- gesundheitlichen
- gleichzeitig
- hygienisch einwandfreiem
- individuell
- jeweiligen Gefahr
- regelmäßig

Benutzung der persönlichen Schutzausrüstung (PSA)

- Die Beschäftigten haben ihre PSA .... zu benutzen und .... auf ihren ordnungsgemäßen Zustand zu prüfen.
- Die PSA ist grundsätzlich nur für den Gebrauch durch .... Person bestimmt.
- Die PSA muss den Beschäftigten .... passen.
- Die PSA muss .... vor der .... schützen, ohne selbst eine Gefahr zu bilden.
- Werden mehrere persönliche Schutzausrüstungen .... benutzt, so müssen diese aufeinander .... sein.
- Die PSA muss den .... und .... Anforderungen entsprechen und mit einer .... versehen sein.
- Die PSA muss während der gesamten Nutzungsdauer .... und sich stets in .... Zustand befinden.
- Die Benutzung der PSA kann in einer .... vorgeschrieben sein.

Trainingsaufgaben

1. Definieren Sie den Begriff „Arbeitsschutz".
2. Wann muss eine Unterweisung erfolgen?
3. Nennen Sie die vier wichtigen Bereiche, auf die in einer Erstunterweisung eingegangen werden sollte.
4. Wer erstellt die Betriebsanweisungen?
5. Welche Gliederung schlagen die Berufsgenossenschaften für die Betriebsanweisung vor?
6. Nennen Sie drei Pflichten des Arbeitgebers zum Zwecke des Arbeitsschutzes.
7. Nennen Sie drei Pflichten des Arbeitnehmers zum Zwecke des Arbeitsschutzes.
8. Welche fünf Sicherheits- und Gesundheitsschutzkennzeichnungen können unterschieden werden? Nennen Sie die Zeichenart und beschreiben Sie das Aussehen der Zeichen.
9. Nennen Sie drei Anforderungen, die an die persönliche Schutzausrüstung gestellt werden.
10. Geben Sie drei Beispiele für persönliche Schutzausrüstungen und erklären Sie, vor welchen Gefahren diese schützen sollen.

[Einstieg]
[Erarbeitung]
[Training]
[Projekte]
[Lernsituation]

3 Kaufvertragliche Grundlagen

Einstiegssituation: Kauf eines neuen Laptops

Maja Wiener, Auszubildende zur Fachlageristin, geht in den großen „Jupiter-Medienmarkt". Sie möchte sich einen neuen Laptop kaufen. Nach kurzer Zeit findet sie einen Laptop für 848,00 € inklusive der neuen Office-Programme.

Mit dem Verkäufer ergibt sich folgendes Gespräch:

Maja: Guten Tag, ich würde gerne diesen Laptop kaufen.

Verkäufer: Prima, da haben Sie sich ja für unser Spitzenmodell entschieden. Den Laptop verkaufen wir zurzeit am meisten.

Maja: Kann ich ihn gleich mitnehmen?

Verkäufer: Im Prinzip ja, aber darf ich Ihnen noch eine Frage stellen? Wie alt sind Sie?

Maja: Ich bin 17, aber werde in drei Monaten 18. Ist das wichtig?

Verkäufer: Ja, denn mit 17 sind Sie noch nicht voll geschäftsfähig. Da brauche ich die Einwilligung Ihrer Eltern.

Maja: Ja, aber ich bin doch schon in der Berufsausbildung und verdiene mein eigenes Geld, mit dem ich machen kann, was ich will.

Verkäufer: Natürlich können Sie mit Ihrem Geld machen, was Sie wollen, aber ich bezweifle, dass Sie monatlich 848,00 € verdienen!

Maja: So viel verdiene ich natürlich nicht. Es sind jeden Monat etwa 610,00 €. Aber ich habe etwas angespart.

Verkäufer: Tut mir leid, aber ich darf Ihnen den Laptop nicht verkaufen, da der Betrag Ihr monatliches Taschengeld übersteigt. Ich komme sonst in Teufels Küche. Erst kürzlich habe ich einem 17-Jährigen einen Fernseher verkauft. Am nächsten Tag standen die Eltern hier im Geschäft und haben sich bei meinem Chef beschwert, wie wir einem Minderjährigen so eine teure Ware verkaufen können. Wenn Sie also den Laptop kaufen wollen, brauche ich die Einverständniserklärung Ihrer Eltern.

Kauf eines neuen Laptops

Maja: Naja, wenn das so ist, kann ich den Laptop ja auch in Raten bezahlen. Hier steht, dass der Laptop auch in 12 Monatsraten zu je 80,00 € bezahlt werden kann. Das wäre prima und auch im Rahmen meines monatlichen Taschengeldes.

1. Darf Maja den Laptop auch ohne Einwilligung ihrer Eltern kaufen?
2. Wie beurteilen Sie den Vorschlag der Ratenzahlung?

Erarbeitungsaufgaben

1. Welche der folgenden Personen oder Institutionen sind juristische Personen? Kreuzen Sie die richtigen Antworten an.

a) Kreissparkasse Schwalm-Eder	☐
b) Handwerkskammer	☐
c) Richter beim Arbeitsgericht	☐
d) Tanzclub „Dancing Queen" e. V.	☐
e) Direktor einer Aktiengesellschaft	☐

2. Ergänzen Sie das folgende Schaubild zur Geschäftsfähigkeit.

0 Jahre →	7 Jahre →	18 Jahre →
Geschäftsunfähigkeit	**Beschränkte Geschäftsfähigkeit**	**Volle Geschäftsfähigkeit**

Rechtsgeschäfte sind ………………………… Dies gilt auch für Rechts-geschäfte von ………………………… ………………………… ↓ Ausnahme: ………………………… ………………………… ………………………… ………………………… ………………………… …………………………	Rechtsgeschäfte sind ………………………… Der gesetzliche Vertreter muss ………………………… damit das Rechtsgeschäft voll gültig wird. ↓ Ausnahmen: ………………………… ………………………… ………………………… ………………………… ………………………… …………………………	Rechtsgeschäfte sind ………………………… …………………………

3. Beurteilen Sie die folgenden Rechtsfälle in Bezug auf die Geschäftsfähigkeit und begründen Sie Ihre Antwort.

a) Der 17-jährige Auszubildende Tim kauft eine Stereoanlage. Hierfür unterschreibt er einen Ratenvertrag.

……………………………………………………………………………

……………………………………………………………………………

……………………………………………………………………………

……………………………………………………………………………

b) Marlen, 16 Jahre alt, kauft ohne Einwilligung der Eltern von ihrem Taschengeld einen gebrauchten Motorroller.

……………………………………………………………………………

……………………………………………………………………………

……………………………………………………………………………

……………………………………………………………………………

[Einstieg]
[Erarbeitung]
[Training]
[Projekte]
[Lernsituation]

c) Der 17-jährige Auszubildende Patrick vereinbart mit seiner Chefin einen Sonderurlaub von drei Wochen, um für die Leichtathletik-Meisterschaften zu trainieren. Diese Urlaubstage werden auf seinen Gesamturlaub angerechnet. Die Eltern sind dagegen.

....

....

d) Dilara, sechs Jahre alt, kauft sich von ihrem Taschengeld eine neue Barbiepuppe.

....

....

e) Der 8-jährige Tobias kauft ohne Einwilligung der Eltern von seinem Taschengeld das Computerspiel „Katz und Maus".

....

....

f) Frank, 19 Jahre alt, trinkt auf einer Party zu viel alkoholische Getränke. Im volltrunkenen Zustand verkauft er sein drei Jahre altes Auto für 50,00 € an einen anderen Partygast.

....

....

....

g) Merle, zehn Jahre alt, bekommt von ihrem Onkel 100,00 € geschenkt. Die Eltern sind dagegen.

....

....

h) Frau Schmitt schickt ihren 4-jährigen Sohn Eric mit einem Einkaufszettel zum Bäcker.

....

....

4. Ann-Christin leiht sich in der Fachrechnen-Stunde von Jasmin ein Lineal, das diese geschenkt bekommen hat.

a) Wer ist Besitzerin und wer ist Eigentümerin des Lineals?

....

b) Wer war vor der Leihe Besitzerin und Eigentümerin des Lineals?

....

5. Prüfen Sie, ob in den folgenden Fällen eine Willenserklärung vorliegt. Wenn ja, in welcher Form wurde die jeweilige Willenserklärung abgegeben?

	nein	ja	Form der Willenserklärung
a) Herr Weber ersteigert durch Handzeichen auf einer Auktion ein Picasso-Gemälde.			
b) Die Schöner Wohnen GmbH bestellt telefonisch bei einem Lieferanten 20 Eimer Wandfarbe.			
c) Henrik lädt seine Freundin für heute Abend um 20:00 Uhr ins Kino ein.			
d) Arno verspricht seiner Frau eine Kreuzfahrt.			
e) Julia steigt in Frankfurt in die Straßenbahn ein.			
f) Lukas, 20 Jahre alt, entnimmt in einem Supermarkt im Regal lagernde Waren und legt diese in den Einkaufswagen.			

6. Prüfen Sie zunächst, ob ein *einseitiges* oder ein *mehrseitiges* Rechtsgeschäft vorliegt, und kreuzen Sie entsprechend an.
   - Prüfen Sie dann bei einseitigen Rechtsgeschäften, ob es sich um ein *empfangsbedürftiges Rechtsgeschäft (E)* oder um ein *nicht empfangsbedürftiges Rechtsgeschäft (NE)* handelt.
   - Bei einem mehrseitigen Rechtsgeschäft prüfen Sie, ob dieses *einseitig verpflichtend (EV)* oder *zweiseitig verpflichtend (ZV)* ist.

	einseitig	empfangsbedürftig (E) bzw. nicht empfangs-bedürftig (NE)	mehrseitig	einseitig verpflichtend (EV) bzw. zweiseitig verpflichtend (ZV)
a) Ismael steigt in die Straßenbahn				
b) Dorit Klein bestellt beim Versandhaus „Hauer" eine Gartenliege.				
c) Waldemar Huber kündigt seine Haftpflichtversicherung.				
d) Die Speedbike GmbH & Co KG nimmt eine ohne Auftrag gelieferte Maschine in Betrieb.				
e) Dirk schenkt Anne sein altes Fahrrad.				
f) Frau Kerner tritt von einem an der Haustür geschlossenen Kaufvertrag für eine neue Illustrierte zurück.				
g) Oma Frieda vererbt ihrem Enkel 20 000,00 €.				
h) Ralf Muhle unterschreibt bei seiner Bank einen Darlehensvertrag.				

[Einstieg]
[Erarbeitung]
[Training]
[Projekte]
[Lernsituation]

7. **Situationsablauf**

① Herr Leimbach vom Gartencenter Grünland möchte von der Schöner Wohnen GmbH wissen, was der Benzin-Rasenmäher „BBW 46-1" kostet.

② Herr Wall, Vertriebsleiter der Schöner Wohnen GmbH, schickt daraufhin ein Fax an Herrn Leimbach mit der Mitteilung, dass ein Benzin-Rasenmäher „BBW 46-1" regulär 189,00 € kostet.

③ Das Gartencenter bestellt nun fünf Benzin-Rasenmäher für 900,00 €.

④ Die Schöner Wohnen GmbH teilt dem Gartencenter daraufhin mit, dass sie diese Bestellung so nicht akzeptieren könne. Sie macht dem Gartencenter ein neues Angebot: Bei einem Preis von 189,00 € für einen Rasenmäher gewähren sie bei Abnahme von mindestens fünf Stück einen Rabatt in Höhe von 3 % und 2 % Skonto.

⑤ Das Gartencenter akzeptiert dieses Angebot und bestellt fünf Rasenmäher.

Herr Leimbach vom Gartencenter Grünland

Herr Wall von der Schöner Wohnen GmbH

a) Beschriften Sie die Pfeile in der Abbildung mit den folgenden Begriffen (einige Begriffe können mehrfach oder eventuell auch gar nicht verwendet werden): Anfrage, Angebot, Bestellung, Bestellungsannahme

b) Schraffieren Sie die beiden Pfeile, die zum Abschluss des Kaufvertrages führen.

8. Kommt in den folgenden Fällen jeweils ein Kaufvertrag zustande? Begründen Sie Ihre Entscheidung.

a) Die Schöner Wohnen GmbH macht dem Gartencenter Grünland ein bis 10:00 Uhr befristetes Angebot. Das Gartencenter bestellt um 16:00 Uhr.

Kaufvertrag ist rechtsverbindlich zustande gekommen: ja ☐ nein ☐

....

....

....

b) Die Schöner Wohnen GmbH macht dem Baumarkt Klopfer am 7. März ein schriftliches verbindliches Angebot. Der Baumarkt bestellt daraufhin am 10. März Ware im Wert von 4 600,00 €. Die Ware soll innerhalb von acht Tagen geliefert werden. Am 13. März bricht aber im Lager des Baumarktes ein Feuer aus. Das Lagergebäude ist total ausgebrannt und die bestellte Ware kann jetzt nicht mehr gelagert werden. Aus diesem Grunde wird die Bestellung sofort telefonisch widerrufen.

Kaufvertrag ist rechtsverbindlich zustande gekommen: ja ☐ nein ☐

....

....

....

c) Am 10. Oktober werden nach einem unbefristeten Angebot vom 3. Oktober zehn Außenleuchten der Serie „Dubrovnik" unter Abzug von 25 % Rabatt und 3 % Skonto bestellt. Der Lieferer bestätigt die Bestellung.

Kaufvertrag ist rechtsverbindlich zustande gekommen: ja ☐ nein ☐

....

....

....

d) Der Baumarkt Thomas erhält von der Schöner Wohnen GmbH ein Angebot über einen Restposten Akku-Schrauber zum Sonderpreis von 45,00 € je Stück. Der Baumarkt bestellt sofort fünf Akku-Schrauber zum Gesamtpreis von 210,00 €.

Kaufvertrag ist rechtsverbindlich zustande gekommen: ja ☐ nein ☐

....

....

....

....

....

Trainingsaufgaben

1. Was versteht man unter Rechtsfähigkeit?
2. Wer ist eine natürliche Person; wann beginnt und wann endet die Rechtsfähigkeit?
3. Geben Sie je zwei Beispiele für juristische Personen des öffentlichen Rechts und des Privatrechts.
4. Wer ist geschäftsunfähig?
5. Wer ist beschränkt geschäftsfähig?
6. Wer ist voll geschäftsfähig?
7. Erläutern Sie die Begriffe „Besitz" und „Eigentum".
8. Wie erfolgt der Eigentumserwerb bei beweglichen Sachen?
9. Wie erfolgt der Eigentumserwerb bei unbeweglichen Sachen?
10. Was versteht man unter einer Willenserklärung?
11. Wie können Willenserklärungen abgegeben werden?
12. Unterscheiden Sie einseitige und mehrseitige Rechtsgeschäfte.
13. Nennen Sie zwei Beispiele für Rechtsgeschäfte, bei denen die Abgabe der Willenserklärung an keine besondere Form gebunden ist.
14. Nennen Sie zwei Beispiele für Rechtsgeschäfte, bei denen die Abgabe der Willenserklärung an eine bestimmte Form gebunden ist.
15. Unterscheiden Sie zwischen der allgemeinen und der bestimmten Anfrage.
16. Wie kommt ein Kaufvertrag zustande?
17. Wie lange gilt ein Angebot unter Anwesenden?
18. Nennen Sie zwei Beispiele für Freizeichnungsklauseln.
19. Welche Verpflichtungen ergeben sich aus einem Kaufvertrag für den Verkäufer?
20. Welche Verpflichtungen ergeben sich aus einem Kaufvertrag für den Käufer?

[Einstieg]
[Erarbeitung]
[Training]
[Projekte]
[Lernsituation]

4 Warenannahme und Warenkontrolle

Einstiegssituation: Zigarettenpause mit Folgen

Timo Lahm ist zurzeit in der Warenannahme der ALLMÖ GmbH beschäftigt. Es ist 10:30 Uhr und Zeit für eine Zigarettenpause. Als er sich gerade draußen vor den Wareneingangstoren mit seinem Kollegen eine Zigarette angezündet hat, kommt ein Lieferant.

Lieferant: Hallo, ich habe hier eine Lieferung für Sie, drei Paletten und einen Karton.

Timo: Stellen Sie die Waren doch einfach dort ab!

Lieferant: Sie müssen das hier aber eben quittieren.

Timo: Kein Problem! Dort auf dem Tisch liegt ein Wareneingangsstempel.

Lieferant: Aber ich brauche auch noch eine Unterschrift.

Timo: Machen Sie einfach einen Haken dorthin. Unterschriften kann sowieso niemand entziffern.

Gesagt, getan. Der Lieferant lädt die Ware ab und quittiert selbst den Frachtbrief, bevor er wieder abfährt. Zehn Minuten später führt Maja Wiener die Warenkontrolle durch.

Maja: Hey Timo, komm doch mal bitte!

Timo: Ja, was gibt's?

Maja: Schau Dir das mal an: Hier ist ein kompletter Karton mit Lesebrillen. Die haben wir doch gar nicht bestellt! Und dann diese eine Palette! Wo bist du damit denn gegen gedonnert? Die Kartons hinten sind alle eingedrückt. Hoffentlich ist die Ware nicht beschädigt.

Warenanlieferung

1. Was hat Timo falsch gemacht und welche Probleme sind dadurch entstanden?
2. Warum will der Lieferant unbedingt eine Unterschrift von Timo?
3. Warum geht Timo nicht kurz in die Lagerhalle, um dem Lieferanten den Wareneingang zu quittieren? Die Zigarette hätte er doch währenddessen weiter rauchen können.
4. Wie kann es zu der Beschädigung an der Palette gekommen sein?
5. Was könnte ein Grund für die Falschlieferung des Kartons mit den Lesebrillen sein?
6. Schildern Sie den Ablauf des Wareneingangs in Ihrem Unternehmen.

Erarbeitungsaufgaben

1. Bringen Sie die Arbeitsschritte bei der Warenannahme in die richtige Reihenfolge indem Sie die Arbeitsschritte in der richtigen Reihenfolge durchnummerieren.

   a) Europaletten auf Mängel überprüfen ☐
   b) Warenannahme quittieren ☐
   c) Lkw entladen ☐
   d) Kontrollieren, ob die Packstücke beschädigt sind ☐
   e) Lieferanschrift kontrollieren ☐
   f) Europaletten tauschen ☐
   g) Festgestellte Transportschäden auf den Begleitpapieren vermerken ☐
   h) Einkaufsabteilung über festgestellte Transportschäden informieren ☐
   i) Anzahl der Packstücke mit den Angaben auf den Begleitpapieren vergleichen ☐

[Einstieg]
[Erarbeitung]
[Training]
[Projekte]
[Lernsituation]

2. Lösen Sie das folgende Rätsel zum Thema „Warenanlieferung und Begleitpapiere bei der Warenannahme“.

Waagrecht

a) Dieses Papier enthält zusätzliche Angaben über Gefahrgüter.
b) Dieses Papier beweist den Tausch von Packmitteln.
c) Sie enthält eine genaue Aufstellung der Zahlungsforderungen des Lieferanten an den Empfänger.
d) Dieses Papier wird für Importware aus Nicht-EU-Ländern benötigt.
e) Noch in Anwesenheit des Zustellers ist die Warenannahme zu …
f) Dieses Papier gibt Auskunft über Artikelart, Menge, Gewicht und Lieferdatum und wird vom Lieferanten ausgestellt.
g) Dieses Papier beweist das Zustandekommen des Frachtvertrages zwischen Absender und Frachtführer.
h) Dieses Papier gibt Auskunft darüber, wer die Ware in den Karton gelegt hat.
i) Sie sollte noch vor dem Entladen der Ware überprüft werden.
j) Hierbei handelt es sich um ein Transportpapier der Post.
k) Das Transportpapier in der Binnenschifffahrt bezeichnet man als …
l) Das Transportpapier in der Seeschifffahrt bezeichnet man als …
m) Gemäß § 412 HGB liegt die Entladepflicht beim …

TIPP
Umlaute Ä, Ö, Ü gelten als *ein* Buchstabe.

Lösungswort senkrecht

Anderes Wort für „Transportpapier“

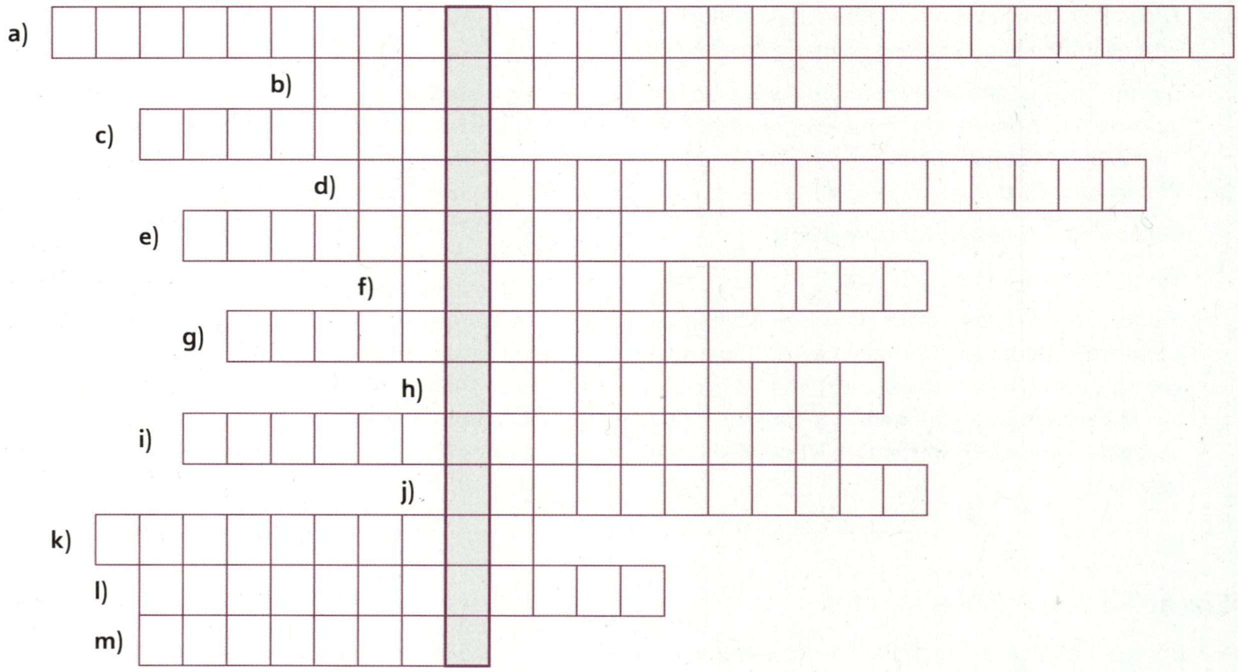

[Einstieg]
[Erarbeitung]
[Training]
[Projekte]
[Lernsituation]

3. Ein Lkw-Fahrer entlädt sein Fahrzeug und übergibt Ihnen folgende Warensendungen:

a) Ein Paket, das an ein Nachbarunternehmen adressiert ist.
b) Eine gestretchte Europalette, bei der die Folienumhüllung teilweise eingerissen ist und auf der ein Karton aufgerissen ist.
c) Ein Paket, bei dem bei der späteren Warenkontrolle festgestellt wird, dass ein Teil der Ware beschädigt ist.
d) Zwei Europaletten, auf denen die Ware äußerlich vollkommen in Ordnung ist. Allerdings fehlt bei der einen Palette ein Brett.

Erklären Sie zu jeder Warensendung, bei welchem Schritt der Warenannahme Sie den beschriebenen Mangel feststellen und welche Maßnahmen jeweils ergriffen werden müssen.

Zu a): ....

....

....

Zu b): ....

....

....

....

....

Zu c): ....

....

....

....

Zu d): ....

....

....

....

....

4. a) Im Wareneingang werden zwei Europaletten mit Molkereiprodukten entgegengenommen. Bevor die Wareneingangskontrolle durchgeführt werden kann, müssen die Paletten kurzfristig zwischengelagert werden. Was ist bei der Zwischenlagerung zu beachten?

....

b) Nachdem die Ware kontrolliert wurde und keinerlei Mängel festgestellt wurden, kann sie zur Einlagerung freigegeben werden. Es folgt nun die Erstellung eines Wareneingangsscheins. An welche Abteilungen wird eine Kopie des Wareneingangsscheins weitergeleitet und zu welchem Zweck?

....

....

....

c) Zu guter Letzt wird die Ware noch mit einem Barcode gekennzeichnet und der Bestand in der Lagerdatei erfasst.
Erläutern Sie, was ein Barcode ist.

....

....

d) Der bekannteste Barcode ist die GTIN. Erklären Sie, was eine GTIN ist, und erläutern Sie den Aufbau des Nummerncodes der GTIN-13.

4 003904 937003

e) Erläutern Sie den Unterschied zwischen 1-D-Codes und 2-D-Codes und nennen Sie je ein Beispiel.

f) Erklären Sie, wie der QR-Code gelesen werden kann. Informationen dazu finden Sie auch in dem abgebildeten QR-Code, den Sie auch selbst auslesen können.

g) Zu welchen Unternehmen werden Sie mit den folgenden QR-Codes weitergeleitet?

h) Was ist die NVE?

5. Ergänzen Sie die folgenden Schaubilder zur Warenprüfung.

[Einstieg]
[Erarbeitung]
[Training]
[Projekte]
[Lernsituation]

Arten der Warenprüfung

stichprobenartig		....	
Vorteil:	Nachteil:	Vorteil:	Nachteil:
....	....	....	....
....	....	....	....
....	....	....	....

Verfahren zur Warenprüfung

....	....
Die Ware wird in der Regel nicht beschädigt.	Die Ware wird in der Regel beschädigt oder völlig zerstört.
Die Prüfung erfolgt z. B. durch	Die Prüfung erfolgt z. B. durch ....

6. Maja Wiener soll in der Berufsschule einen Vortrag über die RFID-Technologie halten.

a) Für den Vortrag hat Maja sich kleine Notizzettel geschrieben, doch leider sind ihr diese durcheinander geraten. Ordnen Sie die Notizzettel, indem Sie diese in der richtigen Reihenfolge nummerieren. Tragen Sie die Nummern in die rechte obere Ecke ein.

- Transponder: Sie bestehen aus Mikrochip, Antenne, Träger oder Gehäuse. Aktive Transponder enthalten zusätzlich eine Energiequelle. ☐

- RFID-Hardware mit entsprechender Datenverarbeitungssoftware (RFID-Middleware) ☐

Das RFID-System besteht aus folgenden Komponenten: ☐

automatische und berührungsfreie Erkennung und Identifikation von Objekten und Gegenständen (z. B. ☐

- Elektronische Identifikation: Das System ermöglicht eine eindeutige Kennzeichnung von Objekten durch elektronisch gespeicherte Daten. ☐

„RFID" ist die Abkürzung für „Radio Frequency Identification" und bedeutet „Indentifizierung mithilfe von elektronischen Wellen". RFID ermöglicht eine schnelle, ☐

Paletten, Transportbehältern, Kolli, Umverpackungen und Artikeln) mittels Funkwellen. RFID-Systeme sind durch drei Eigenschaften gekennzeichnet: ☐

- Senden auf Abruf: Ein gekennzeichnetes Objekt sendet seine Daten nur dann, wenn ein dafür vorgesehenes Lesegerät diesen Vorgang abruft. ☐

- Kontaktlose Datenübertragung: Die Daten können zur Identifikation des Objekts drahtlos über einen Funkfrequenzkanal ausgelesen werden. ☐

- Schreib- und Lesegerät mit Antenne (z. B. RFID-Handscanner, RFID-Datenhandschuh, RFID-Gate) ☐

[Einstieg]
[Erarbeitung]
[Training]
[Projekte]
[Lernsituation]

b) Nachdem Maja die RFID-Technologie kurz erläutert hat, möchte sie auf die Vor- und Nachteile dieser Technologie eingehen. Ordnen Sie die Stichpunkte den Vor- und Nachteilen zu, indem Sie in das Kästchen hinter den Stichpunkten ein V für „Vorteil“ oder ein N für „Nachteil“ eintragen.

(1) Wiederverwendbarkeit ☐
(2) Komplexe Technologie ☐
(3) Lesbarkeit ohne direkte Sichtverbindung ☐
(4) Hohes Datenvolumen speicherbar ☐
(5) Zum Teil noch sehr teuer ☐
(6) Mögliche Störung des Empfangs bzw. der Datensendung durch Metallumgebung ☐
(7) Reduzierung von Fehlerquellen ☐
(8) Noch schwer recyclebar ☐
(9) Datenschützer kritisieren unkontrollierten Einsatz ☐
(10) Chip ist nicht nur lesbar, sondern auch beschreibbar ☐
(11) Relative Schmutzunempfindlichkeit ☐

c) Zu guter Letzt möchte Maja noch auf die möglichen Einsatzbereiche der RFID-Technologie in der Logistik eingehen. Ordnen Sie den Lagerbereichen die folgenden Stichpunkte zu (je Lagerbereich 2 Stichpunkte).

(1) Bestandsmanagement
(2) Bulkerfassung der angelieferten Paletten
(3) Steuerung und Vollständigkeitskontrolle der Kommissionierung
(4) Verlinkung zwischen Fahrzeug und Ware
(5) Artikel wird mit Lagerplatz verbunden
(6) Steuerung der Förderzeuge zur Ware
(7) Erfassung von Lieferscheinen zur Wareneingangskontrolle
(8) Verladekontrolle und Bulkerfassung der zu verladenden Paletten

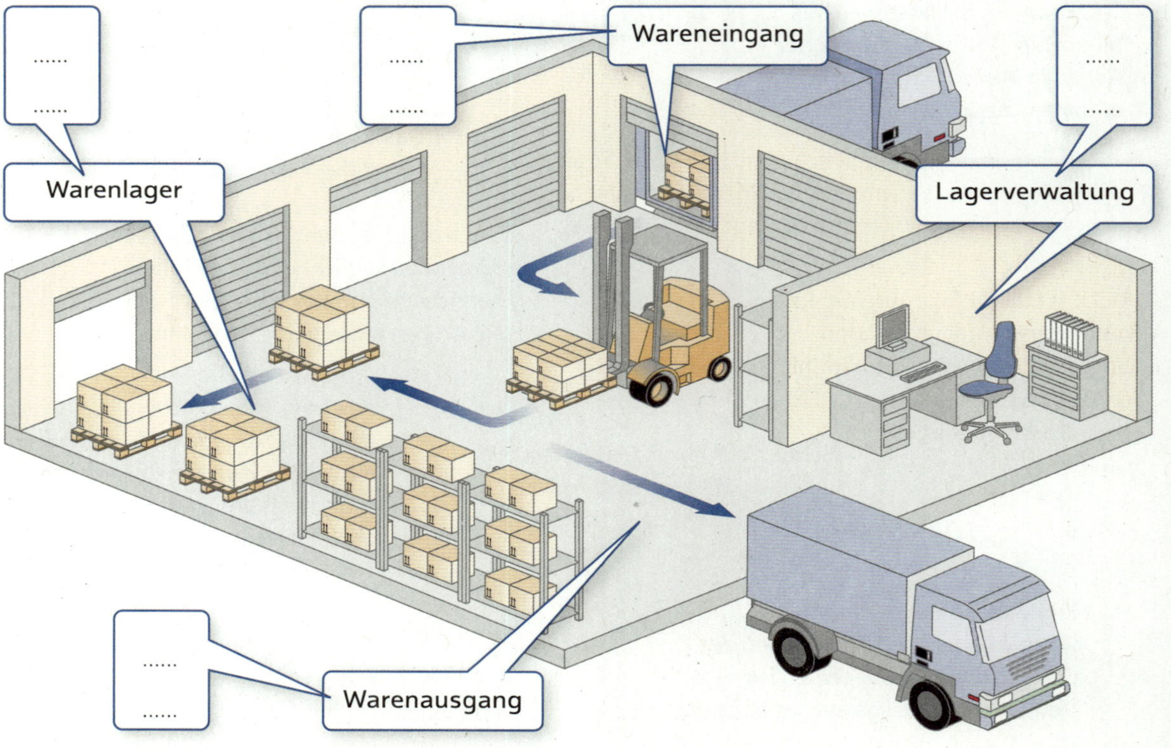

[Einstieg]
[Erarbeitung]
[Training]
[Projekte]
[Lernsituation]

7. Veränderungen in der Arbeitswelt

a) Füllen Sie das folgende Schaubild zur industriellen Revolution aus. Tragen Sie unter der Jahreszahl ein, wodurch die jeweilige industrielle Revolution geprägt wurde bzw. heute geprägt wird. Für Informationen zur industriellen Revolution scannen Sie mit Ihrem Handy die folgenden QR-Codes und/oder schauen Sie sich den im Link genannten Film an.

PDF-Datei: Was ist Industrie 4.0?	Erklärfilm: Industrie 4.0 erklärt
	https://www.youtube.com/watch?v=kQLbVVPNTMQ

INDUSTRIELLE REVOLUTION

INDUSTRIE 1.0 → **INDUSTRIE 2.0** → **INDUSTRIE 3.0** → **INDUSTRIE 4.0**

Mechanisierung | **Elektrifizierung** | **Automatisierung** | **Informatisierung**

Industrie 1.0	Industrie 2.0	Industrie 3.0	Industrie 4.0
1784	1870	1969	Heute

b) Nennen Sie die Merkmale der Logistik 4.0.

....

....

....

....

....

[Einstieg]

[Erarbeitung]

[Training]

[Projekte]

[Lernsituation]

c) Die Arbeitswelt in der Logistik wird sich ändern. Beschreiben Sie anhand der folgenden Abbildungen die Änderungen in der Logistikbranche.

Situation 1:

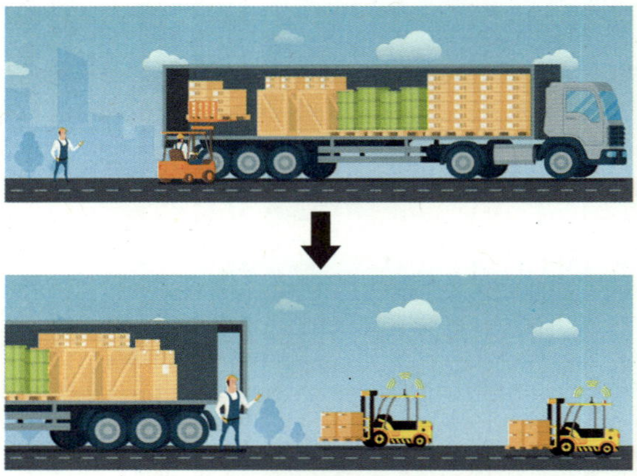

Situation 2:

Situation 3:

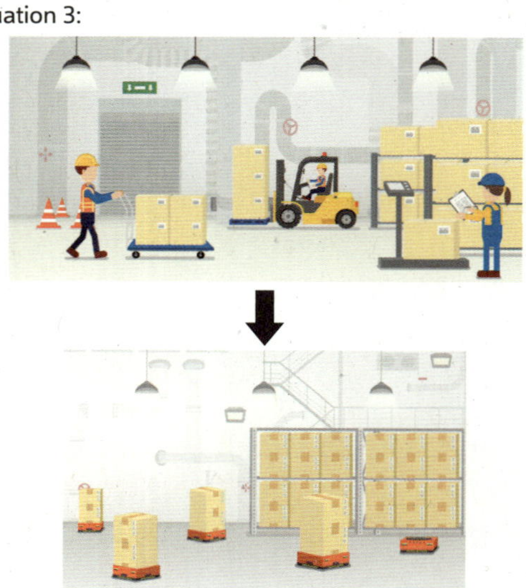

[Einstieg]
[Erarbeitung]
[Training]
[Projekte]
[Lernsituation]

Situation 4:

Situation 5:

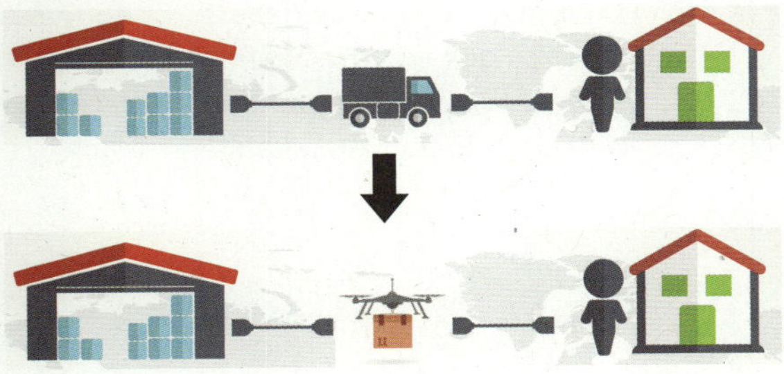

[Einstieg]
[Erarbeitung]
[Training]
[Projekte]
[Lernsituation]

Trainingsaufgaben

1. Nennen Sie drei Warenbegleitpapiere (Transportpapiere) mit dem dazugehörigen Verkehrsträger.
2. Welche Kontrollen sind in Anwesenheit des Zustellers durchzuführen?
3. Wer haftet für die im Wareneingang festgestellten Transportschäden und wer haftet für festgestellte Sachmängel?
4. Nennen Sie drei mögliche Beschädigungen an Europaletten.
5. Nennen Sie drei Möglichkeiten zur Dokumentation von festgestellten Transportschäden im Wareneingang.
6. Welche Rügefristen gelten bei Transportschäden?
7. Welche Arten der Warenprüfung können unterschieden werden? Nennen und erläutern Sie diese.
8. Welche Prüfverfahren können bei der Warenprüfung unterschieden werden? Nennen und erläutern Sie diese.
9. Was versteht man unter der Bildung logistischer Einheiten im Wareneingang?
10. Was ist die GTIN?

5 Kaufvertragsstörungen

Einstiegssituation: Klatschnass

Klatschnass

1. Beschreiben Sie die Situation auf der Abbildung.
2. Peter hat sich den Regenschirm erst vor zwei Wochen gekauft. Was kann er nun tun?
3. Nennen Sie weitere Mängel, die bei einer Warenlieferung auftreten können.

Erarbeitungsaufgaben

[Einstieg]
[Erarbeitung]
[Training]
[Projekte]
[Lernsituation]

1. Aus dem Abschluss eines Kaufvertrages ergeben sich für Verkäufer und Käufer verschiedene Pflichten. Nennen Sie diese Pflichten und erklären Sie, zu welchen Kaufvertragsstörungen es bei der Erfüllung dieser Pflichten jeweils kommen kann.

   Verkäufer: ....

   ....

   Käufer: ....

   ....

2. Tragen Sie die fehlenden Begriffe in die Mindmap ein.

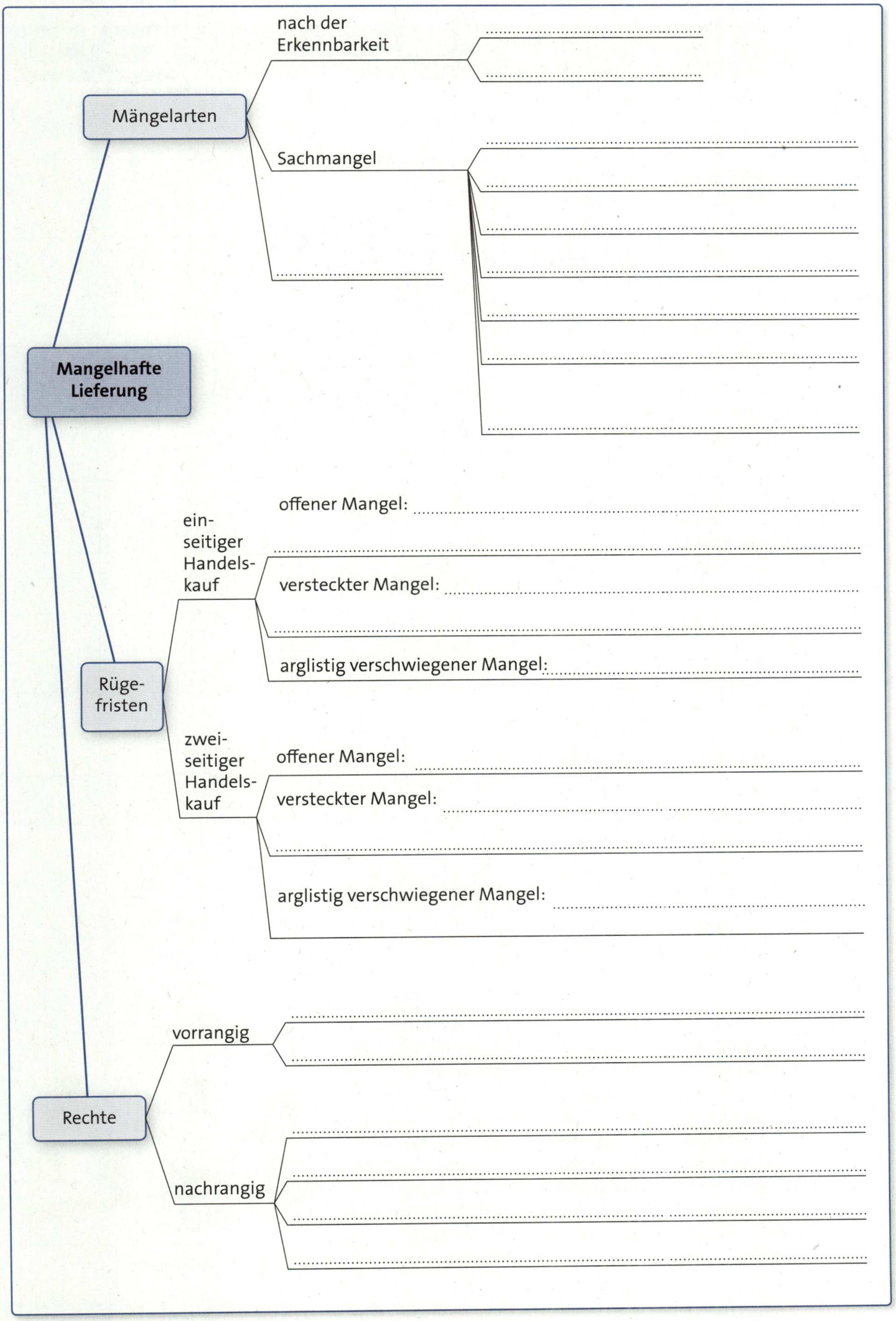

3. a) Welcher Sachmangel liegt in den folgenden Beispielen vor? Kreuzen Sie auch an, ob es sich um einen offenen oder um einen versteckten Mangel handelt.

Beispiel	Sachmangel	offener Mangel	versteckter Mangel
(A) Ein Schrank ist an der Seite verkratzt.			
(B) In einer Dose Erbsensuppe finden sich beim Kochen mehrere Nägel.			
(C) Statt Rotwein wird Weißwein geliefert.			
(D) Statt der bestellten 100 Dichtungsringe werden nur 98 geliefert.			
(E) Der neu gekaufte Schreibtisch lässt sich trotz Befolgen der Anleitung nicht richtig zusammenbauen.			
(F) Auf einer Würstchenpackung steht: „Original Thüringer Bratwürste". Liest man das Kleingedruckte auf der Rückseite, stellt sich heraus, dass die Würstchen aus Polen kommen.			
(G) Die Gummistiefel sind nicht wasserdicht.			
(H) Ein Monteur vertauscht beim Anschließen der Waschtischarmaturen den Kalt- und Warmwasseranschluss.			

b) Erklären Sie, welche Gewährleistungsrechte Sie in den Beispielen (A) bis (D) in Anspruch nehmen würden.

Zu (A): ....

Zu (B): ....

Zu (C): ....

Zu (D): ....

[Einstieg]
[Erarbeitung]
[Training]
[Projekte]
[Lernsituation]

4. Die Schöner Wohnen GmbH kauft beim Transporttechnikhaus Lauter einen neuen Gabelstapler mit hydraulisch anhebbarer Fahrerkabine und ausfahrbarem Heckgewicht. Die hydraulisch anhebbare Fahrerkabine ermöglicht dem Fahrer die freie Sicht auf und über die Last. Bei hohen Lasten muss er nicht mehr ständig rückwärtsfahren. Der Hauptgrund für den Kauf dieses innovativen Gabelstaplers ist für die Schöner Wohnen GmbH allerdings das ausfahrbare Heckgewicht: Durch das mit der Hinterachse ausfahrbare Heckgewicht wird der Radstand verlängert und durch die Verlagerung des Gegengewichts nach hinten die Tragfähigkeit erhöht.

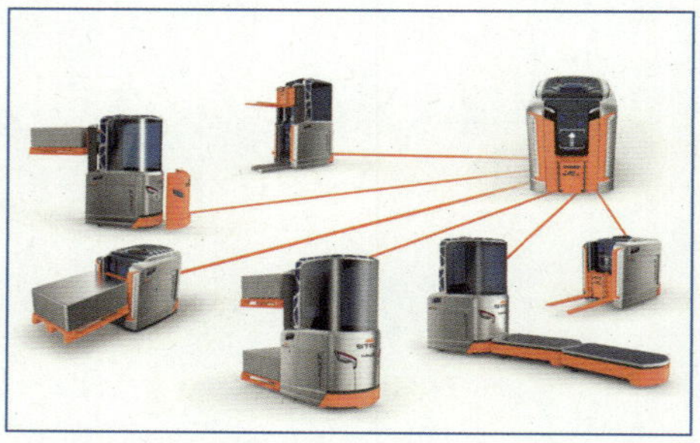

Der Gabelstapler der Zukunft

So können auch schwere Lasten bequem – ohne Wechsel des Fahrzeuges – transportiert werden. Am 3. April wird der Stapler geliefert, allerdings ohne das ausfahrbare Heckgewicht.

a) Welche Rechte kann die Schöner Wohnen GmbH bei rechtzeitiger Mängelrüge vorrangig geltend machen?

.....

.....

.....

b) Trotz mehrmaliger Nachfrage und angemessener Nachfristsetzung hat das Transporttechnikhaus Lauter bis Ende Juni immer noch nicht reagiert. Welches Recht kann die Schöner Wohnen GmbH jetzt in Anspruch nehmen? Bedenken Sie bei Ihrer Lösung auch, dass der Stapler im Unternehmen dringend benötigt wird und für den Transport schwerer Lasten ein zusätzlicher Stapler angemietet werden musste. Die Firma Buche bietet einen ähnlichen Stapler zu einem geringfügig günstigeren Preis.

.....

.....

.....

.....

.....

5. Sind in den folgenden Fällen die Rügefristen eingehalten worden? Kreuzen Sie an.

	ja	nein
a) Sven bringt einen beschädigten Pullover acht Monate nach Kaufdatum in das Textilgeschäft zurück.		
b) Katrin reklamiert einen neuen Pkw 16 Monate nach Kaufdatum wegen eines Motorschadens.		
c) Die Schöner Wohnen GmbH rügt zerkratzte Gartentische einen Monat nach Anlieferung.		

6. Unter welcher Voraussetzung kommt der Lieferer in Lieferungsverzug?

(1) Die rechtzeitige Lieferung wird durch einen Brand im Auslieferungslager verhindert.

(2) Im Zuliefererbetrieb wird gestreikt, eine rechtzeitige Lieferung ist nicht möglich.

(3) Die rechtzeitige Lieferung kann wegen starker Überschwemmungen nicht erfolgen.

(4) Die Erzeugnisse sind wegen der Betriebsferien nicht rechtzeitig lieferbar.

(5) Bei einem Fixkauf zum 30.06. wird erst am späten Nachmittag (16:00 Uhr) geliefert. ☐

7. Die Speedbike GmbH & Co KG hat am 10.03. diesen Jahres mit der Firma Intranet einen Kaufvertrag über die Lieferung des Datenspeichergerätes Modell „X2020" zum Preis von 25 000,00 € abgeschlossen. Es wurde sofortige Lieferung vereinbart. Mit dem Datenspeichergerät will die Speedbike GmbH & Co KG ihre gesamte Produktionsplanung durchführen. Entsprechende Vorarbeiten zum reibungslosen Übergang zur EDV sind fast abgeschlossen. Am 10.05. sollen bereits die ersten Planungen durchgeführt werden. Am 23.04. ist das Datenspeichergerät immer noch nicht geliefert.

[Einstieg]
[Erarbeitung]
[Training]
[Projekte]
[Lernsituation]

Situation A
Bei dem bestellten Speichergerät der Firma Intranet handelt es sich um ein Spezialgerät, das nur von wenigen Herstellern angeboten wird. Die Speedbike GmbH & Co KG kann kurzfristig nicht auf einen anderen Hersteller ausweichen. Intranet liefert schließlich am 15.05. Es entsteht dadurch ein Gewinnausfall für die Speedbike GmbH & Co KG von insgesamt 12 000,00 €.

Welche Rechte kann die Speedbike GmbH & Co KG geltend machen?

....

....

....

....

....

Situation B
Angenommen, als fester Liefertermin wurde der 23.04. vereinbart. Doch die Firma Intranet kann auch weiterhin nicht liefern, da mehrere Mitarbeiter im Urlaub sind. Die Speedbike GmbH & Co KG hat die Möglichkeit, ein gleichwertiges Datenspeichergerät kurzfristig bei der Firma Logitech zu bestellen. Allerdings beträgt der Mehrpreis 5 000,00 €.

Unter welchen Voraussetzungen kann die Speedbike GmbH & Co KG die verspätete Lieferung ablehnen?

....

....

....

....

....

....

Wer trägt die Mehrkosten in Höhe von 5 000,00 €?

....

....

8. Stellen Sie fest, in welchem der beschriebenen Sachverhalte ein Annahmeverzug [1], ein Lieferungsverzug [2], eine mangelhafte Lieferung [3], eine korrekte Vertragserfüllung [4] vorliegt. Tragen Sie die entsprechende Nummer in das Kästchen hinter dem Sachverhalt ein.

a) Statt der 25 bestellten Sonnenschirme werden nur 20 geliefert. ☐

b) Die Lieferung der Sonnenschirme sollte bis Ende März erfolgen. Mitte April sind die Sonnenschirme immer noch nicht eingetroffen. ☐

c) Die Lieferung der Sonnenschirme war für den 31. März vereinbart. Sie erfolgt am späten Nachmittag gegen 17:00 Uhr. ☐

d) Die Sonnenschirme werden wie vereinbart geliefert. Der Empfänger ist jedoch nicht da, da das Geschäft wegen Betriebsferien geschlossen ist. ☐

[Einstieg]
[Erarbeitung]
[Training]
[Projekte]
[Lernsituation]

Trainingsaufgaben

1. Welche Kaufvertragsstörungen können unterschieden werden?
2. Welche Mangelarten nach der Erkennbarkeit können unterschieden werden?
3. Was ist ein Rechtsmangel?
4. Welche Sachmängel können unterschieden werden?
5. Unterscheiden Sie zwischen einseitigem und zweiseitigem Handelskauf.
6. Nennen Sie die vorrangigen Gewährleistungsrechte bei der mangelhaften Lieferung.
7. Welche Voraussetzungen müssen gegeben sein, damit ein Verkäufer in Lieferungsverzug gerät?
8. Was versteht man unter „Selbstinverzugsetzung"?
9. Welche Voraussetzungen müssen gegeben sein, damit ein Käufer in Annahmeverzug gerät?
10. Unter welchen Bedingungen wird ein Verkäufer im Falle eines Annahmeverzuges nicht mehr an der Aufrechterhaltung der Lieferung interessiert sein?
11. Welche Pflichten entstehen dem Verkäufer aus einem Selbsthilfeverkauf?

Projekte und Aktionen

Erstellen Sie eine Checkliste – möglichst in Plakatgröße – zu den Tätigkeiten im Wareneingang.

Waren annehmen und kontrollieren

Hinweise für die Erstellung der Checkliste

- Es reicht nicht, wenn Sie schreiben: „Lieferanschrift kontrollieren".
- Geben Sie auch an, wie, wo, womit usw. Sie dies tun müssen/können.
- Versuchen Sie auch, die einzelnen Punkte auf Ihrer Checkliste durch Bilder, Fotos, Skizzen usw. zu veranschaulichen.

[Einstieg]
[Erarbeitung]
[Training]
[Projekte]
[Lernsituation]

Lernsituation 1: Eine Lieferung annehmen

Situation

Das Warenwirtschaftssystem der ALLMÖ GmbH hat für den 19. November 20.. den Wareneingang von acht Europaletten Büroartikel angezeigt. Um 10:30 Uhr trifft ein Lkw der Spedition FLEXI-Transporte und Logistikdienstleistungen KG mit dem Kfz-Kennzeichen HH-FT 130 ein. Der Fahrer Klaus Krug händigt den folgenden Lieferschein aus:

BÜROTECHNIK WENZEL KG

Diepholzer Straße 98 • 49377 Vechta
Tel.: 04441 4288-50 • Fax: 04441 4288-77
E-Mail: info@wenzel-wvd.de • Internet: wenzel-wvd.de

Bürotechnik Wenzel KG, Diepholzer Str. 98, 49377 Vechta

ALLMÖ GmbH
Evesham Allee 4
34212 Melsungen

☐ **Auftrag/Bestätigung**
☒ **Lieferschein**
☐ **Rechnung**
Lieferschein-Nr.: 246

Bestellung vom	Best.-Nr.	Versandart/Lieferbedingung	Lieferdatum	bearbeitet
12.11.20..	1018	Spedition	19.11.20..	M. Wenzel

Bruttogewicht der Sendung	Frankaturvermerk	Palettenüberwachung/Anzahl	
3 153 kg	frei Haus	8	

Lieferschein

Menge	Einheit	Art.-Nr.	Bezeichnung	Einzel-preis (€)	Gesamt-preis (€)
80	Karton	56006	Kop.-Papier, presseweiß (VE 5 x 500 Blatt)	10,50	840,00
80	Karton	56100	Kop.-Papier, pastell-gelb (VE 5 x 500 Blatt)	11,20	896,00
40	Karton	56200	Kop.-Papier, pastell-rosa (VE 5 x 500 Blatt)	11,20	448,00
40	Karton	56620	Kop.-Papier, pastell-blau (VE 5 x 500 Blatt)	11,20	448,00
20	Karton	56780	Kop.-Papier, pastell-grün (VE 5 x 500 Blatt)	11,20	224,00
20	Karton	56355	Kop.-Papier, pastell-orange (VE 5 x 500 Blatt)	11,20	224,00
30	Stück	83017	Laser-Faxgerät PX 5550	89,00	2 670,00

Bemerkungen:

Gesamt, netto	5 750,00
zzgl. 19 % USt	1 092,50
Gesamt, brutto	6 842,50

Sendung ordnungsgemäß erhalten

Datum, Unterschrift

Bankverbindung: Commerzbank Vechta
Konto: 235 555 744 • BLZ: 280 428 65
BIC: COBADEFF281 • IBAN: DE27 2804 2865 0235 5557 44

Geschäftsführer: Michael Wenzel
Amtsgericht Vechta, HRB 8522
USt-IdNr. DE 854 556 987

Lieferschein der Bürotechnik Wenzel KG

[Einstieg]
[Erarbeitung]
[Training]
[Projekte]
[Lernsituation]

Material

ALLMÖ GmbH Lebensmittel und mehr!

Tatbestandsaufnahme

Lieferer

____

____

____

Sped.-Auftr.-Nr.: ____________

Lieferdatum.: ____________

Lieferschein-Nr.: ____________

Frachtführer/ Spedition: ____________

Art der Anlieferung (Kfz-Kennzeichen): ____________

Art der Transportverpackung: ____________

Mitarbeiter des Frachtführers: ____________

Datum/Uhrzeit der Anlieferung: ____________

Gesamtgewicht lt. Transportpapier: ____________

Äußere Prüfung

Anzahl der Transporthilfsmittel und Packstücke: .... Gitterboxpaletten .... EUR-Flachpaletten Karton: ....

Verpackung: einwandfrei ☐ folgende Mängel: ....

....

....

....

....

....

Unterschrift des Mitarbeiters des Transportunternehmens

Unterschrift des Mitarbeiters im Wareneingang

Anlagen: Lieferschein ☐ Rechnung ☐ Packzettel ☐ Frachtbrief ☐ Sofortbild ☐ Sonstiges ☐ ....

M 1 *Tatbestandsaufnahme der ALLMÖ GmbH*

FLEXI Transporte und Logistikdienstleistungen KG
Fährstraße 38 • 21079 Hamburg
Tel.: 040 9786-235 • Fax: 040 9786-283

FLEXI KG

Palettenschein

Verladedatum: ____________

Absender: ____________

____

Empfänger: ____________

____

	Europaletten	**Gitterboxen**
	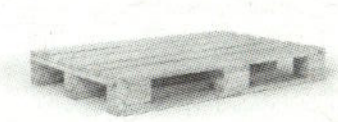	
Sie erhielten von FLEXI:	.... (Anzahl)	.... (Anzahl)
Sie gaben zurück an FLEXI:	.... (Anzahl)	.... (Anzahl)

Bemerkungen: ____________

____

____

____

Unterschrift des Fahrers: ____________ Unterschrift des Lagers: ____________

M 2 *Palettenschein der FLEXI-Transporte und Logistikdienstleistungen KG*

Arbeitsaufträge

1. Berechnen Sie die Fläche, die für die anfallenden Arbeiten bei der Warenannahme bereitgestellt werden sollte.

   1 Palette: ...

   8 Paletten: ...

2. Der Fahrer erklärt Ihnen bei der Übergabe des Lieferscheins: „Ich habe 9 Paletten für Sie. Können wir sie gleich ausladen?“ Was antworten Sie dem Fahrer?

   ...

3. Welche weiteren Kontrollen führen Sie noch in Anwesenheit des Fahrers Klaus Krug aus?

   ...

   ...

   ...

4. Bei der sofortigen Prüfung der Lieferung stellen Sie fest, dass bei einer Palette die Folienumhüllung eingerissen ist und bei einer weiteren Palette vier Kartons Kopierpapier presseweiß eingedrückt sind. Füllen Sie für die festgestellten Transportschäden die Tatbestandsaufnahme (M 1) aus. Die Speditions-Auftragsnummer lautet 2010-11.
5. Die Paletten sollen getauscht werden. Füllen Sie den Palettenschein (M 2) aus.
6. Quittieren Sie dem Fahrer Klaus Krug die Warenannahme.
7. Welche Frist muss bei der Anzeige der Transportschäden gegenüber dem Frachtführer (Spedition) eingehalten werden?

   ...

   ...

8. Erläutern Sie Ihr weiteres Vorgehen, nachdem Sie die Warenannahme quittiert haben.

   ...

   ...

   ...

9. Nach der Übernahme der Ware und einer ersten Kontrolle in der Warenannahme erfolgt eine weitere Warenprüfung, die sogenannte unverzügliche Prüfung. Erläutern Sie den Unterschied zwischen einer sofortigen und einer unverzüglichen Prüfung.

   ...

   ...

   ...

   ...

[Einstieg]
[Erarbeitung]
[Training]
[Projekte]
[Lernsituation]

Lernsituation 2: Warenkontrolle

Situation

Bei der Schöner Wohnen GmbH in Duisburg, Tel. 0203-79137914, trifft eine Warensendung der Porzellanmanufaktur Klein OHG ein. Anja Schön hat den Karton vom Fahrer des KEP-Dienstes entgegengenommen und die sofortige Sichtkontrolle in der Warenannahme bereits vorgenommen. Marcel Fröhlich soll nun die weitere Warenkontrolle durchführen. Er übernimmt von Anja neben dem Karton auch noch den Lieferschein und den Warenkontrollbogen.

Sichtkontrolle

Marcel beginnt mit der Warenkontrolle und öffnet den Karton, in dem sich 12 Schachteln befinden. Als nächstes möchte er die Artikelnummern vergleichen, doch die kann er nirgendwo entdecken. Auch die Artikelbezeichnung steht nirgendwo. Er ruft seine Kollegin zur Hilfe.

Marcel: Hey Anja, komm doch mal bitte!

Anja: Was gibt es Marcel? Ich habe nicht viel Zeit. Ich muss gleich den Lkw entladen, der gerade angekommen ist.

Marcel: Schau Dir doch mal diese Schachtel an. Ich finde nirgendwo die Artikelnummer oder die Artikelbezeichnung. Wie soll ich dann feststellen, ob das die richtige Ware ist? Hier gibt es nur die Aufkleber „Vorsicht zerbrechlich" und „Hier oben". Naja, und dann ist da noch so ein komischer Aufkleber mit vielen Strichen und Nummern.

Anja: Der Aufkleber mit den komischen Strichen und Nummern ist die GTIN.

Marcel: Die was? Davon habe ich ja noch nie etwas gehört.

Anja: Also gut, ich werde es Dir erklären!

Schachtel mit GTIN

[Einstieg]
[Erarbeitung]
[Training]
[Projekte]
[Lernsituation]

Material

Klein OHG • Wiesenstr. 7 • 22113 Hamburg

Schöner Wohnen GmbH
Gartenstraße 39
47001 Duisburg

Porzellanmanufaktur
Klein OHG

Datum: 24.03.20..

Lieferschein

Kunden-Nr.:	33967	**Lieferschein-Nr.:**	258	**Lieferdatum:**	24.03.20..
Ihre Bestell-Nr.:	323	**Bestelldatum:**	22.03.20..	**Versandart:**	DHL

Artikel-Nr.	Artikelbezeichnung	Einheit	Menge
20744	Kaffeebecher Motiv Ostern (Karton mit 12 Schachteln à 6 Stück)	Karton	1

Frankatur: unfrei

Die gelieferten Waren bleiben bis zur vollständigen Bezahlung unser Eigentum.
Erfüllungsort für Lieferung und Zahlung sowie Gerichtsstand ist Hamburg.

Bankverbindung:
Deutsche Bank Hamburg
Konto: 856 333 432• BLZ: 200 700 00
BIC: DEUTDEHH
IBAN: DE72 2007 0000 0856 3334 32

Geschäftsführer:
Jens-Peter Klein
Amtsgericht Hamburg
HRA 6980
USt-IdNr. DE 853 624 399

Porzellanmanufaktur Klein OHG
Wiesenstraße 7 • 22113 Hamburg
Tel.: 040 3911-0 • Fax: 040 3911-27
Internet: www.klein-wvd.de
E-Mail: info@klein-wvd.de

M 1 *Lieferschein der Porzellanmanufaktur Klein OHG*

[Einstieg]
[Erarbeitung]
[Training]
[Projekte]
[Lernsituation]

Warenkontrollbogen

Schöner Wohnen GmbH

Lieferer
Klein OHG
Wiesenstr. 7
22113 Hamburg

Lieferdatum.: 24.03.20..
Lieferschein-Nr.: 258
Zusteller: DHL

Prüfung Warenannahme (Sichtkontrolle)

1. Anschrift korrekt ☒
2. Anzahl der Packstücke 1 Karton .... Gitterboxpalette .... EUR-Palette
3. Packstücke äußerlich einwandfrei ☐ folgende Mängel: Kartou an der Seite beschädigt
4. Mehrwegverpackung einwandfrei ☐ folgende Mängel: ....

Müller — Unterschrift Frachtführer
24.03.20.. — Datum
Anja Schön — Unterschrift Mitarbeiter Warenannahme

Warenkontrolle – mangelhafte Artikel

Anzahl	Artikelbezeichnung	Mangelbeschreibung

Unterschrift Mitarbeiter Wareneingang ____________

M 2 *Warenkontrollbogen*

[Einstieg]
[Erarbeitung]
[Training]
[Projekte]
[Lernsituation]

Schöner Wohnen GmbH

Schöner Wohnen GmbH • Gartenstraße 39 • 47001 Duisburg

....

....

....

....

Gartenstraße 39 • 47001 Duisburg
Tel.: 0203 79137-914 • Fax: 0203 79137-921

E-Mail: info@schoener-wohnen-wvd.de
Internet: schoener-wohnen-wvd.de

Ihr Zeichen, Ihre Nachricht vom	Unser Zeichen, unsere Nachricht vom	Telefon, Name	Datum

Bankverbindung: Deutsche Bank Duisburg
Konto: 768 412 213• BLZ: 350 700 30
BIC: DEUTDEDE350 • IBAN: DE32 3507 0030 0768 4122 13

Geschäftsführer: Dr. Klaus Baumann
Amtsgericht Duisburg, HRB 12059
USt-IdNr. DE 249 344 221

M 3 *Mängelrüge*

Arbeitsaufträge

1. Welche Erklärung wird Anja geben?

2. Prüfen Sie, ob sich in der Schachtel die bestellte Ware befindet.

3. Insgesamt stellt Marcel bei der Warenkontrolle folgende Mängel fest:
   Von den 72 gelieferten Kaffeebechern Motiv Ostern mit der Artikelnummer 20744 haben 5 Kaffeebecher einen Sprung, bei 2 Kaffeebechern ist der Aufdruck unvollständig und in einer Schachtel befinden sich statt der gewünschten Kaffeebecher 6 Bierkrüge. Die Prüfung ergab außerdem, dass die Kaffeebecher nicht vorschriftsmäßig, also nicht bruchsicher verpackt worden waren. Eine Haftung des Frachtführers scheidet demnach aus.
   Dokumentieren Sie die festgestellten Mängel auf dem Warenkontrollbogen (M 2).

4. Um welche Mängelarten handelt es sich?

5. Wie lange hat die Schöner Wohnen GmbH Zeit, die Mängel zu rügen?

6. Erstellen Sie auf dem Vordruck (M 3) eine Mängelrüge an die Klein OHG. Beschreiben Sie die Mängel möglichst genau mit den notwendigen Fachbegriffen. Weisen Sie auf die Gewährleistungsrechte hin, die Sie bei dieser Mängelrüge in Anspruch nehmen möchten.

7. Was macht die Schöner Wohnen GmbH mit der beanstandeten Ware?

[Einstieg]
[Erarbeitung]
[Training]
[Projekte]
[Lernsituation]

8. Erfassen Sie den Wareneingang auf dem Wareneingangsschein. Die Lagerorte werden bei der Einlagerung eingetragen.

Schöner Wohnen GmbH

Wareneingangsschein Nr.

Warenkontrolle vom:	Anlagen
Lieferant:	Frachtbrief ☐ Lieferschein ☐
geliefert durch:	Packzettel ☐

Pos.	Artikel-Nr.	Bezeichnung (Kurzform)	Menge		Lagerort

Wie wurde der Wareneingang kontrolliert?

Menge: ☐ gezählt ☐ gewogen ☐ geschätzt ☐ ohne Kontrolle

Qualität: ☐ Vollkontrolle ☐ Stichprobe jedes ______ Stück ☐ ohne Kontrolle

sonstige Kontrolle:

Vermerke – Beanstandungen:

weitergeleitet an: Wareneingang/Lager	Einkauf/Disposition	Rechnungsprüfung/EDV
Datum:		
Unterschrift:		

[Einstieg]
[Erarbeitung]
[Training]
[Projekte]
[Lernsituation]

Lernfeld 2
Güter lagern

1 Aufgaben der Lagerhaltung und Anforderungen an das Lager

Einstiegssituation: Langfristige Getreideeinlagerung bei der ALLMÖ GmbH

Die ALLMÖ GmbH produziert ihre Backwaren selber. Zur Herstellung verschiedener Brot- und Brötchensorten benötigt sie vor allem Roggen- und Weizenmehl. Beide Getreidesorten werden während des ganzen Jahres in etwa gleichbleibenden Mengen von der Bäckerei verarbeitet, aber nur in den Monaten Juli und August geerntet. In dieser Zeit deckt die ALLMÖ GmbH ihren berechneten geschätzten Jahresbedarf an Roggen und Weizen. Die eingekauften Mengen werden gelagert und nach und nach gemahlen und zu Brot verarbeitet.

Die langfristige Einlagerung bringt erhebliche Vorteile mit sich. Durch die Abnahme großer Mengen werden der ALLMÖ GmbH erhebliche Preisnachlässe gewährt. Außerdem sind die benötigten Rohstoffe zu dieser Zeit wesentlich günstiger als im Winter oder Frühjahr.

Weiterhin hat die Lagerhaltung für die ALLMÖ GmbH den Vorteil, dass sie unabhängiger gegenüber möglichen Lieferschwierigkeiten des Getreidehandels wird. Die Gefahr von Produktions- und Absatzstockungen wegen fehlender Rohstoffe wird ausgeschaltet.

Rohstoffe für Backwaren

1. Welche Aufgaben der Lagerhaltung (Gründe für die Lagerhaltung) werden in dem Text angesprochen?
2. Neben Vorteilen hat die langfristige Lagerhaltung auch Nachteile für die ALLMÖ GmbH, die sich aus dem Text nur indirekt ergeben. Nennen Sie einige Nachteile.

Erarbeitungsaufgaben

1. Welche Aufgabe der Lagerhaltung ist im jeweiligen Beispiel beschrieben?

   a) Da die Stoffe aus China kommen und lange Lieferzeiten haben, achtet Herr Hünlich von der Disposition darauf, dass immer ausreichend große Mengen auf Lager sind, damit die Produktion nicht stillsteht.

   ....

   b) Nach dem Lackieren müssen die Fahrräder mindestens 24 Stunden in der Halle hängen, damit der Lack aushärten kann.

   ....

   c) Da schon wieder ein Anstieg der Stahlpreise droht, schlägt der Einkaufsleiter vor, die doppelte Menge an Stahl für die Rahmenfertigung einzukaufen.

   ....

d) Der Getränkehersteller Siemer kauft von August bis Oktober die Apfelernte der Obstbauern auf und produziert daraus nach und nach Apfelsaft.

....

e) Im Lager werden kleine Sets mit Flickzeug, Schraubenschlüssel und Zange für die Werkzeugtaschen hochwertiger Fahrräder zusammengestellt.

....

f) Weil ein länger anhaltender Streik der Fernfahrer erwartet wird, entschließt sich die Geschäftsleitung einer Möbelfabrik zur Einlagerung größerer Mengen Spanplatten.

....

g) Die im Winter produzierten Gartenmöbel werden bis zur erwarteten Nachfrage im Frühjahr im Lager gestapelt.

....

h) Emmentaler-Käselaibe werden in Scheiben geschnitten und in 100-g-Plastikpackungen verpackt.

....

i) Vor den Weihnachtsfeiertagen werden bei vielen Warengruppen die Bestände erhöht.

....

j) Gleich nach der Herstellung werden verschiedene Weinsorten bei den Erzeugern gekauft und bis zur Reife auf Lager genommen.

....

2. Im Lager der Speedbike GmbH & Co KG herrscht Chaos. Bei Neuanlieferungen weiß niemand, wo die Teile untergebracht werden sollen. Es ist zu wenig Platz vorhanden, sodass einige Kartons einfach in den Gängen abgestellt werden. Außerdem wird die Ware ständig umgelagert. Wenn Mitarbeiter Teile für die Werkstatt brauchen oder Kunden Ersatzteile benötigen, beginnt erst einmal das große Suchen. Erschwert wird die Suche noch dadurch, dass überall leere Kartons, Folien und Paletten herumliegen. Haben die Mitarbeiter das benötigte Teil endlich gefunden, ist es manchmal so verstaubt, dass sie es erst einmal reinigen müssen, bevor sie es an den Kunden weitergeben können. Die Beschwerden an die Geschäftsleitung häufen sich.

a) Welche Grundsätze ordnungsgemäßer Lagerhaltung werden bei der Speedbike GmbH & Co KG nicht eingehalten? Tragen Sie die Grundsätze in die Tabelle ein.

b) Prüfen Sie, welche Vorteile die Speedbike GmbH & Co KG durch die Einhaltung der in a) genannten Grundsätze hätte.

Grundsätze ordnungsgemäßer Lagerhaltung		
Vorteile		
....	....	....

[Einstieg]
[Erarbeitung]
[Training]
[Projekte]
[Lernsituation]

3. Vor welchen Gefahren müssen die folgenden Güter hauptsächlich geschützt werden?

a) Bedruckte T-Shirts: ....

b) Schokolade: ....

c) Tabak: ....

d) Obst: ....

e) Getreide: ....

f) Laptops: ....

4. Ordnen Sie die Grundsätze ordnungsgemäßer Lagerhaltung den Beschreibungen zu, indem Sie die entsprechende Nummer hinter den Beschreibungen eintragen.

Grundsätze ordnungsgemäßer Lagerhaltung:
1 Sauberkeit
2 Übersichtlichkeit
3 Geräumigkeit
4 artgerechte Lagerhaltung
5 sachgerechte Lagerhaltung

Beschreibungen	
Bälle werden vor der Einlagerung in Kartons vorverpackt.	☐
Kartoffelsalat wird im Kühllager aufbewahrt.	☐
Das Lager wird in Lagerzonen eingeteilt.	☐
Vor Arbeitsende wird das Lager gefegt.	☐
Benzin wird in einem Tank gelagert.	☐
Die Lagerplätze sind deutlich gekennzeichnet.	☐
Leere Kartons und Paletten werden umgehend entsorgt.	☐
Die Regalgänge sind so breit, dass sich zwei Gabelstapler ohne Probleme begegnen können.	☐

Trainingsaufgaben

1. Nennen Sie die Aufgaben der Lagerhaltung.
2. Erläutern Sie die Sicherungsfunktion an einem Beispiel.
3. Erläutern Sie die Ausgleichsfunktion an einem Beispiel.
4. Erläutern Sie die Umformungsfunktion an einem Beispiel.
5. Erläutern Sie die Spekulationsfunktion an einem Beispiel.
6. Erläutern Sie die Veredelungsfunktion an einem Beispiel.
7. Nennen Sie die Grundsätze ordnungsgemäßer Lagerhaltung.
8. Nennen Sie mindestens vier Gefahren, vor denen Güter während der Lagerung geschützt werden sollten.

[Einstieg]
[Erarbeitung]
[Training]
[Projekte]
[Lernsituation]

2 Arten der Lagerhaltung

Einstiegssituation: Lagerarten in der ALLMÖ GmbH

Im Tiefkühllager

In der ALLMÖ GmbH unterhalten sich die Auszubildenden Timo Lahm und Maja Wiener in der Frühstückspause:

Timo: Hallo Maja, wie gefällt es dir in der ALLMÖ GmbH?

Maja: Bislang ganz gut.

Timo: Wo bist du denn zurzeit eingesetzt?

Maja: Momentan bin ich im Kleinteilelager. Ich sage dir, da herrscht das absolute Chaos.

Timo: Warum?

Maja: Zu Beginn meiner Ausbildung war ich im Wareneingangslager. Dort war es im Prinzip sehr gemütlich: Die Ware kam an, wir haben sie kontrolliert, das Warenwirtschaftssystem hat die Stellplätze vergeben und wir haben die Ware dann entsprechend etikettiert und für die Einlagerung bereitgestellt. Im Kleinteilelager ist das ganz anders. Es ist alles durcheinander. Es gibt zu wenige Stellplätze, sodass einige Artikel auch im Getränkelager zwischengelagert werden müssen. Und wenn man dann gerade diese Artikel kommissionieren soll, muss man ganz schön weite Wege laufen.

Timo: Na ja, so schlimm ist das auch nicht. Ich bin im Tiefkühllager, das ist noch viel unangenehmer. Ganz schön kalt ist es dort. Immer muss man diese dicke Thermokleidung anziehen. Davor war ich beim Leergut. Da hatte ich zwar viel frische Luft, aber wenn es regnete und stürmte, war es dort auch ziemlich unangenehm. Aber nächste Woche kann ich endlich ins Packmittellager wechseln. Dort soll es ja sehr angenehm sein.

Maja: Stimmt. Ich würde gerne einmal in das Verschlusslager wechseln. Aber da dürfen wir Azubis ja nicht rein.

1. Welche Lagerarten werden im Text angesprochen?
2. Nennen und beschreiben Sie weitere Lagerarten.

Erarbeitungsaufgaben

1. Verbinden Sie die Eigenschaften von Gütern mit den jeweiligen Oberbegriffen.

Eigenschaften von Gütern:
wenige, viele
eisenhaltig
schwer, leicht
gasförmig, flüssig, fest
ätzend
palettiert
groß, klein
hochwertig
verpackt, lose und körnig

Oberbegriffe:
Gefährlichkeit
Gewicht
Konsistenz
Lagereinheit
Materialart
Menge
Schüttgut, Stückgut
Volumen
Wert

2. Erklären Sie die folgenden Lagerarten mit eigenen Worten:

Handlager: ....

....

Zwischenlager: ....

....

Rohstofflager: ....

....

3. Kreuzen Sie bei den folgenden Antworten an, ob sie für ein zentrales oder ein dezentrales Lager zutreffen.

Vorteile	Zentrales Lager	Dezentrales Lager
Ein Vorteil sind die kurzen Transportwege.		
Die Raumausnutzung ist günstiger.		
Die Bereitstellungszeiten sind kürzer.		
Die Abstimmung mit der Produktion ist einfacher.		
Der Personaleinsatz ist leichter planbar.		
Die Lagerbestände bzw. Mindestbestände können insgesamt niedriger sein.		
Die Lagerkosten sind geringer.		
Fördereinrichtungen und Lagerhilfsmittel können rationeller eingesetzt werden.		
Informationsfluss zwischen Produktion, Lager und Absatz ist schneller.		
Weniger Einkäufe mit größeren Bestellmengen senken die Beschaffungskosten.		

4. Welche Lagerbauweise ist für die folgenden Situationen am besten geeignet?
Bei geschlossenen Lagern passende Bauweise bzw. Bauhöhe angeben.

Situation	Lagerbauweise
Lagerung von flüssigen chemischen Grundstoffen	
Lagerung von Büchern bei einem Büchergroßversender	
Vorübergehende Lagerung hochwertiger Maschinen, da sich der Versand verzögert	
Lagerung von Dachziegeln	
Lager einer Elektrogroßhandlung mit Standort in der Stadt, begrenzte Fläche	
Lager einer Lebensmittelgroßhandlung, die Artikel werden mit Rollis oder Stapler kommissioniert	

[Einstieg]
[Erarbeitung]
[Training]
[Projekte]
[Lernsituation]

5. Die Firma Running KG lagert zum Verkauf bestimmte Waren (es handelt sich um Taschen einer Lederwarenfabrik) bei sich ein. Bei welcher Lagerform befindet sich die Ware in fremdem Eigentum, aber im Besitz der Running KG?

(1) Kommissionslager
(2) Verkaufslager
(3) Eigenlager
(4) Fremdlager
(5) Fertigwarenlager ☐

6. Ergänzen Sie die folgende Tabelle.

Lagerart	Kurzbeschreibung	Geeignet zur Lagerung von ...
	Lager mit Dach, jedoch ohne Wände	
	7 m bis 12 m hoch	witterungsempflindlichen Gütern, palettiert oder unpalettiert.
Etagenlager		

7. Ordnen Sie die Güter den jeweils am besten geeigneten Lagerarten zu, indem Sie die entsprechenden Kennziffern hinter den Lagerarten eintragen.

Güter:

1. Schrauben und Muttern
2. Granulat
3. Speiseeis
4. Smartphones
5. Reinigungsbenzin
6. Getränkeleergut
7. Maschine, deren Abmessungen größer sind als die Maße einer Europalette

Lagerarten:

Freilager ☐
Gefahrstofflager ☐
Kleinteilelager ☐
Schüttgutlager ☐
Sperrigwarenlager ☐
temperaturgeführtes Lager ☐
Verschlusslager ☐

[Einstieg]
[Erarbeitung]
[Training]
[Projekte]
[Lernsituation]

8. Entscheiden Sie, welche der folgenden Aussagen richtig (R) und welche falsch (F) sind.

a) Als Zwischenlager bezeichnet man eine kurzzeitige Lagerung.

b) Bei Fließfertigung gibt es keine Zwischenlager.

c) Offene Lager sind besonders gut belüftet und eignen sich deshalb für empfindliche Materialien.

d) Auslieferungslager sind dezentrale Lager; sie werden eingerichtet, um das Hauptlager zu entlasten.

e) Fremdlager können bei Lagerhäusern, bei Spediteuren und bei Kunden unterhalten werden.

f) Wenn ich meine Ware bei einem Lagerhalter einlagere, dauert es länger, bis die Ware beim Kunden ist, weil die Ware zunächst beim Lagerhalter abgeholt werden muss.

g) Bei Fremdlagerung muss der Einlagerer die Ware versichern.

h) Wenn der Einlagerer die Rechnung nicht bezahlt, kann der Lagerhalter die Ware pfänden.

i) Fremdlagerung bietet sich besonders dann an, wenn dem Einlagerer geeignete Einrichtungen (z. B. Kühlräume) fehlen.

9. Die Geschäftsentwicklung der ALLMÖ GmbH verläuft äußerst zufriedenstellend. Allerdings wurden von den Kunden in letzter Zeit gehäuft Spielwaren angefragt. Aus diesem Grunde beschließt die Geschäftsführung, auch Spielwaren in das Sortiment aufzunehmen. Benötigt werden hierfür ca. 900 m² Lagerfläche. 500 m² eigener Lagerraum stehen noch zur Verfügung.

Die Geschäftsführung und die Abteilungsleiter/-innen sind unterschiedlicher Ansicht darüber, ob der „fehlende“ Lagerraum auf dem Betriebsgelände neu gebaut oder ob der Lagerraum angemietet werden soll. Mike Schröder, der Geschäftsführer der ALLMÖ GmbH hat unerwartet einen geeigneten Lagerraum gefunden, der sogar in unmittelbarer Nähe zum derzeitigen Standort liegt. Er einigt sich rasch mit dem Vermieter auf einen jährlichen Mietpreis von 36,00 € pro m².

Die Abteilungsleiter/-innen würden lieber ein eigenes Lager errichten. Herr Schröder, Leiter des Rechnungswesens, hat sich deshalb auch schon einmal die folgenden Daten aus der Buchhaltung geholt:
Kosten der Eigenlagerung:

- Fixe Kosten: 10 000,00 € pro Jahr
- Variable Kosten: 20,00 € pro m² Lagerfläche

a) Erläutern Sie, welche Kosten und Risiken der ALLMÖ GmbH durch die Unterhaltung eines eigenen Lagers entstehen.

Kosten:

Risiken:

b) Erläutern Sie, was „fixe Kosten“ und „variable Kosten“ sind und geben Sie je drei Beispiele.

fixe Kosten:

variable Kosten:

[Einstieg]
[Erarbeitung]
[Training]
[Projekte]
[Lernsituation]

c) Ermitteln Sie tabellarisch die Kosten der Eigen- und Fremdlagerung.

Lagerfläche in m²	Lagerkosten in €			
	Fremdlager	Eigenlager		
		Miete fix	Verwaltung variabel	Gesamtkosten
0				
200				
400				
600				
800				
1000				

d) Stellen Sie die Situation grafisch dar.

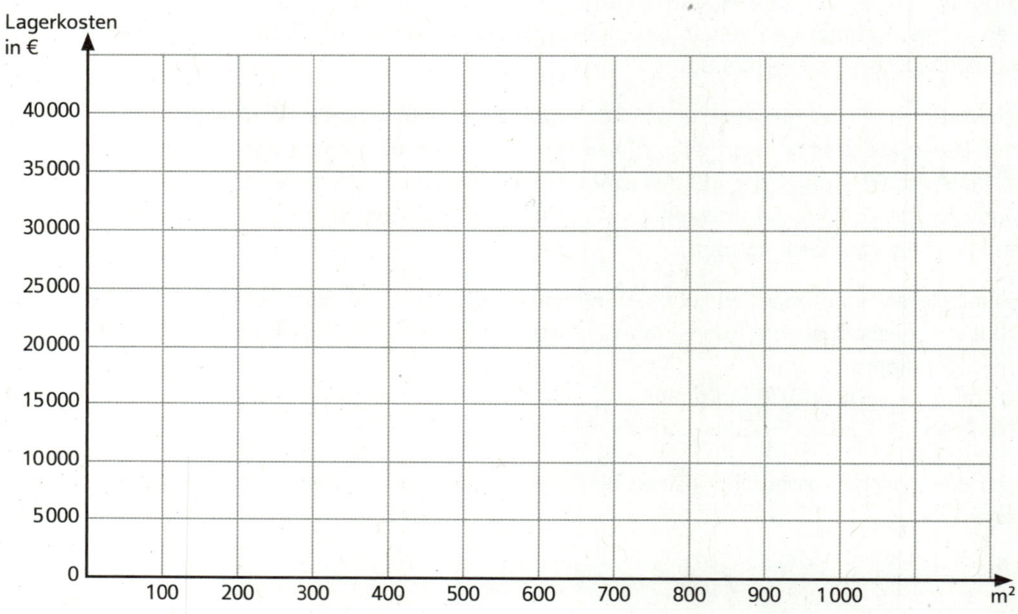

e) Ermitteln Sie rechnerisch die kritische Lagermenge.

....

....

....

....

f) Für welche Alternative sollte sich die ALLMÖ GmbH entscheiden? Begründen Sie Ihre Entscheidung.

....

....

[Einstieg]
[Erarbeitung]
[Training]
[Projekte]
[Lernsituation]

g) Nennen Sie mindestens drei weitere Gründe, die für eine Fremdlagerung sprechen können.

10. Unter „Outsourcing" versteht man die Ausgliederung von Unternehmensleistungen. Im Suchrätsel sind 10 Begriffe dazu versteckt. Markieren Sie diese.

K	I	I	M	O	N	T	A	G	E	L	E	I	S	T	U	N	G	E	N	E
V	Ö	Z	O	L	L	A	B	W	I	C	K	L	U	N	G	U	J	Y	Ö	N
J	S	E	N	D	U	N	G	S	V	E	R	F	O	L	G	U	N	G	S	T
W	A	R	E	N	P	F	L	E	G	E	D	Ö	X	B	V	D	D	E	K	S
C	L	N	L	Ä	Ö	P	K	G	G	X	P	P	Y	M	W	H	H	V	D	O
L	O	G	I	S	T	I	K	D	I	E	N	S	T	L	E	I	S	T	E	R
Q	U	K	A	N	L	U	V	E	R	P	A	C	K	U	N	G	W	W	P	G
R	E	P	A	R	A	T	U	R	S	E	R	V	I	C	E	D	T	Y	U	U
I	B	T	U	K	O	M	M	I	S	S	I	O	N	I	E	R	U	N	G	N
Q	X	S	S	Q	M	W	A	R	E	N	V	E	R	T	E	I	L	U	N	G

Trainingsaufgaben

1. Unterscheiden Sie Stückgut und Schüttgut.
2. Welche Lagerarten können entsprechend der Güterarten und Eigenschaften unterschieden werden?
3. Was ist ein Verschlusslager?
4. Was ist ein Sperrigwarenlager?
5. Was ist ein temperaturgeführtes Lager?
6. Was sind Rohstoffe?
7. Was sind Betriebsstoffe?
8. Was sind Hilfsstoffe?
9. Nennen Sie zwei Beispiele für ein Sonderlager im Industriebetrieb.
10. Was ist ein Kommissionslager?

11. Welche Lagerarten können im Einzelhandel unterschieden werden?
12. Welche Aufgaben erfüllt das Reservelager im Einzelhandel?
13. Nennen Sie je zwei Vor- und Nachteile eines zentralen Lagers.
14. Nennen Sie je zwei Vor- und Nachteile eines dezentralen Lagers.
15. Welche Lagerarten können nach dem Witterungsschutz unterschieden werden?
16. Nennen Sie drei Gründe für die Fremdlagerung bei einem gewerblichen Lagerhalter oder einer Spedition.
17. Was versteht man unter der kritischen Lagermenge?
18. Nennen Sie drei Vorteile eines Eigenlagers.
19. Welche Lagerscheinarten können unterschieden werden?
20. Was versteht man unter „Outsourcing"?

3 Organisation des Lagers und Einlagerung

[Einstieg]
[Erarbeitung]
[Training]
[Projekte]
[Lernsituation]

Einstiegssituation: Organisation des Lagers beim Elektrogroßhändler und im Ausbildungsbetrieb

Das Lager eines Großhändlers für Elektroartikel ist räumlich so aufgebaut:
Warenannahme – Verpackung – Lagerung – Warenkontrolle – Kommissionierung – Versand.

1. Erklären Sie, ob diese räumliche Anordnung sinnvoll ist bzw. was anders gemacht werden sollte.
2. Beschreiben Sie den Warenfluss und die räumliche Anordnung im Lager Ihres Ausbildungsbetriebs und fertigen Sie dazu eine kleine Skizze an.

Aufteilung des Lagers in Lagerzonen

Erarbeitungsaufgaben

1. Sie sollen die Lagerbereiche in einem neu erworbenen Zentrallager neu organisieren.

   Folgende Vorgaben sind zu berücksichtigen:
   - Lagergröße: 40 m x 60 m
   - Die Güter werden auf Europaletten eingelagert.
   - Täglich werden ca. 60 Paletten (ca. 30 t) ein- und ausgelagert.
   - Auf die Paletten mit den Sonderangeboten muss besonders häufig zugegriffen werden.
   - Lagerhöhe 8 m, 2800 Stellplätze
   - Durchschnittlicher Lagerbestand: 2000 Paletten

   Entwickeln Sie eine Organisationsskizze nach Ihren Vorstellungen, indem Sie wie folgt vorgehen:

   a) Ermitteln Sie die für das Lager möglichen bzw. notwendigen Lagerbereiche und beschreiben Sie deren Funktionen.

Lagerbereich	Funktion

   b) Zeichnen Sie ein Lager mit allen Lagerbereichen. Versuchen Sie dabei einen optimalen Güterfluss zu gewährleisten. Fertigen Sie die Lagerskizze auf einem DIN-A4 Blatt an und berücksichtigen Sie dabei die vorgegebenen Maße.

   c) Nennen Sie Kriterien, die für die Lagerplatzzuordnung wichtig sind.

   d) Nach welchen Kriterien sollten in dem oben genannten Lager in Zukunft die Lagerplätze vergeben werden? Begründen Sie Ihre Entscheidung.

[Einstieg]
[Erarbeitung]
[Training]
[Projekte]
[Lernsituation]

2. In einem Unternehmen mit zwei Lagern sollen die Locationen neu vergeben werden. Außerdem werden die Wegstrategien festgelegt. Bei der Lagereinrichtung handelt es sich jeweils um Palettenregale. Jedes Regalfeld ist 2700 mm breit, sodass in jeder Ebene 3 Paletten nebeneinander gelagert werden können.

a) Vergeben Sie für die markierten Regalfelder die Locationen, und zwar in dem jeweiligen Regalfeld für das erste Fach in der dritten Ebene. Im ersten Lager sollen die Locationen nach dem dekadisch numerischen System und im zweiten Lager nach dem alphanumerischen System vergeben werden. Erläutern Sie Ihren Locationsnummernaufbau.

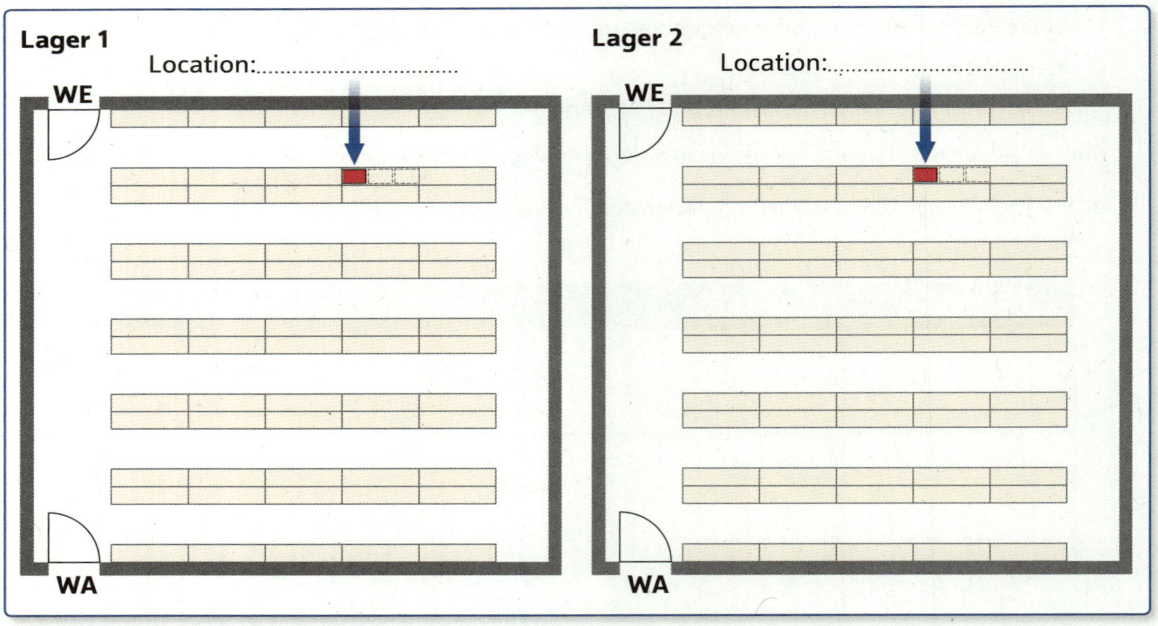

Locationsvergabe und Wegstrategien

Locationserläuterung Lager 1:

....

Locationserläuterung Lager 2:

....

b) Zeichnen Sie die Wegstrategien in die Lager ein: Für das erste Lager gilt die Stichgangstrategie und für das zweite Lager die Rundgangstrategie.

c) Beschreiben Sie die beiden Wegstrategien und erläutern Sie deren Vorteile oder auch Nachteile.

....

....

....

....

....

....

....

d) Markieren Sie in Lager 1 den Lagerbereich, in dem Sie Güter mit einer hohen Zugriffshäufigkeit einlagern würden.

[Einstieg]
[Erarbeitung]
[Training]
[Projekte]
[Lernsituation]

3. Entscheiden Sie, welche Funktion der Teilenummern in den folgenden Beispielen jeweils angesprochen ist. Die Funktionen sind: Identifizieren, klassifizieren, informieren, kontrollieren.

Beispiel	Funktionen
a) Henrik arbeitet in einem Autohaus. Wenn die ersten drei Ziffern der Artikelnummer 126 sind, weiß er, dass es sich um Zubehörteile für Bremsanlagen handelt.	
b) Jennifer gibt die Artikelnummer in den Rechner ein, um festzustellen, wie viel Stück von diesem Artikel noch auf Lager sind.	
c) Die letzte Ziffer der Artikelnummer wurde mit dem Modulo 11-Verfahren ermittelt.	
d) Ein Schmirgelpapier hat die Artikelnummer 556 433 80. An der Endziffer 80 erkennt Franz sofort die Körnung.	
f) Bei der Inventur scannt Eduard die Artikelnummern, um den Bestand zu erfassen.	
g) Thomas erkennt an den ersten beiden Ziffern der Artikelnummer, welchen Durchmesser die Bremsleitung hat.	

4. Entscheiden Sie, ob die folgenden Aussagen auf das Festplatzsystem [1] oder auf das Freiplatzsystem [2] zutreffen. Tragen Sie die entsprechende Ziffer in das Kästchen ein.

a) Dieses System ist geeignet für Lager, bei denen die einzulagernden Mengen eines Lagergutes sehr stark schwanken. ☐

b) Dieses System macht Suchen überflüssig, die Lagerarbeiter kennen die Lagerplätze. ☐

c) Dieses System ist für kleine Lager geeignet. ☐

d) Bei diesem System ist die Raumausnutzung sehr gut, man benötigt weniger Lagerplatz. ☐

e) Dieses System ist sehr flexibel. ☐

f) Dieses System funktioniert ohne EDV und aufwendige Lagerbuchführung. ☐

g) Dieses System ist für große Lager mit sehr vielen verschiedenen Produkten geeignet. ☐

5. Die folgenden Waren sollen eingelagert werden. Auf welche Eigenschaften der Güter, die die freie Wahl des Lagerplatzes einschränken, ist besonders zu achten?

a) 2 Paletten mit Lösungsmitteln für das Entfetten von Bauteilen.

....

b) Eine Lieferung mit vergoldeten Armbanduhren im Wert von je 150,00 € aufwärts.

....

c) Mehrere Paletten mit Einwegspritzen bei einer Pharmagroßhandlung. Die Einwegspritzen werden täglich mehrfach bestellt.

....

d) Eine Palette Frischkäse.

....

[Einstieg]
[Erarbeitung]
[Training]
[Projekte]
[Lernsituation]

6. Die ALLMÖ GmbH bekommt am 19. November 20.. vom Teekontor „Ceylon Tea Company“ 15 Säcke „Schwarzer Tee“ angeliefert. In jedem Sack befinden sich 30 kg Tee. Vor der Einlagerung wird der Tee in Päckchen zu je 100 g abgefüllt.

a) Wie wird der Vorgang des Abfüllens in kleinere Packungseinheiten bezeichnet?

....

b) Welche Vorteile bringt das Abfüllen des Tees in kleinere Packungseinheiten? Nennen Sie drei Vorteile.

....

....

....

c) Wie viele Teepäckchen à 100 g erhält die ALLMÖ GmbH?

....

....

....

d) Je 20 Teepäckchen mit der Artikelnummer 22277 werden in einen Karton mit den Maßen 30 cm x 20 cm x 20 cm gepackt. Wie viele Kartons werden benötigt?

....

e) Die Kartons sollen auf Europaletten mit den Maßen 120 cm x 80 cm eingelagert werden. Eine Europalette darf maximal 120 cm hoch sein. Wie viele Kartons können auf eine Europalette gestapelt werden, wenn die Palette selbst eine Höhe von 15 cm hat, und wie viele Paletten werden benötigt?

....

....

....

....

....

....

f) Für die Einlagerung am 20. November muss eine neue Lagerfachkarte erstellt werden, da dieser Artikel neu in das Sortiment aufgenommen wurde.
Weitere Informationen zum Ausfüllen der Lagerfachkarte: Der Lagerort ist 120602 und der Meldebestand liegt bei 30 Kartons. Der Tee wird nur kartonweise unter der Artikelnummer 22277 verkauft.
Tragen Sie die notwendigen Daten in die Lagerfachkarte ein.

Lagerfachkarte

Artikelbezeichnung				Artikelnummer	
Meldebestand		Mengeneinheit		Location	
Datum	Zugang	Abgang	Bestand	Nachbestellung	Bearbeiter

[Einstieg]
[Erarbeitung]
[Training]
[Projekte]
[Lernsituation]

g) Vor der Einlagerung werden die Teepäckchen mit ihrem Endpreis ausgezeichnet. Welche Möglichkeit der Preisauszeichnung schlagen Sie der ALLMÖ GmbH vor und welche weiteren Möglichkeiten gäbe es grundsätzlich noch?

....

....

7. Sie erhalten folgenden Artikel aus einer Logistik-Fachzeitschrift:

EDV im Lager

Die Verwendung von EDV ist in modernen Lagern nicht mehr wegzudenken. Der Grund dafür liegt zum einen in der Geschwindigkeit der Verarbeitung und der Bereitstellung aller für Verwaltung und Bestandsführung notwendigen Daten und zum anderen in der starken Vernetzung aller Unternehmensbereiche (Wareneingang, Qualitätskontrolle, Lager, Kommissionierung, Produktion, Versand, Fuhrpark, Verwaltung usw.).

EDV-gestützte Lagerverwaltungssysteme im Rahmen von Warenwirtschaftssystemen enthalten die folgenden Basisfunktionen: Wareneingangsabwicklung, Auftragsbearbeitung, Kommissionierung, Lagerverwaltung, Versand, Inventur und Steuerung des Warenflusses im Lager.

Wareneingangsabwicklung

Die wesentlichen auf die Informationstechnik bezogenen Aufgaben der Wareneingangsabwicklung sind die artikelspezifische Eingangserfassung mit Abgleich der Bestellung, Zuordnung der Ware zu freien oder fest vorgegebenen Lagerplätzen und die Erstellung von Wareneingangsetiketten und Barcodelabeln.

Auftragsbearbeitung

Auf Basis der Auftragsdaten des übergeordneten Warenwirtschafts- oder Materialwirtschaftssystems erfolgt eine Aufbereitung der bestellten Artikel und Mengen entsprechend des vorliegenden Auftragstyps (z. B. Normalauftrag oder Eilauftrag) sowie der gewählten Kommissioniermethode (z. B. auftragsorientierte, serielle Kommissionierung = ein Kommissionierer kommissioniert einen Auftrag alleine, oder auftragsorientierte, parallele Kommissionierung = mehrere Kommissionierer kommissionieren einen Auftrag gleichzeitig). Alle für den Auftrag benötigten Dokumente wie Lieferschein und Rechnung werden mit Unterstützung des EDV-Systems weitgehend automatisiert erstellt.

Kommissionierung

Die technische Unterstützung der Kommissionierung ist abhängig vom Grad der eingesetzten Technologie. In der einfachsten Form erfolgt lediglich ein Ausdruck eines Kommissionierbelegs. Nach der Kommissionierung erfolgt hier meist eine manuelle Rückmeldung und Auswertung der Kommissionierung (z. B. Eingabe von Fehlbeständen in einen PC). In automatisierten Lagern ist die beleglose Kommissionierung weit verbreitet. Die Ansprüche an das Lagerverwaltungssystem sind hierbei relativ hoch, da Daten in der Regel in Echtzeit abgearbeitet werden müssen. Typische Informationen, die online bereitgestellt werden müssen, sind beispielsweise die Anzeige der Lagerlocationen und die Mitteilung der Entnahmemengen. Weitere Anwendungen sind das automatische Einlesen der Lagerplatznummern und der Artikeldaten (Barcodes) mit Handterminals und Scannern, um sicherzustellen, dass auch die richtigen Artikel entnommen werden. Durch die sofortige Rückmeldung der Kommissionierdaten an das Lagerverwaltungssystem erfolgt meist auch eine automatische Nachschubsteuerung.

Lagerverwaltung

Das Lager ist die Drehscheibe, an der sich die Bereiche Verkauf, Einkauf, Disposition sowie Finanzbuchhaltung treffen. Stets aktuelle und aufbereitete Informationen zum Lager, die durch die EDV zur Verfügung gestellt werden, sind von großer Bedeutung für einen ungestörten Betriebsablauf. Warenein- und -ausgänge werden artikelspezifisch erfasst. Das EDV-System schlägt vor, welche Waren nachbestellt werden sollten. Nachbestellungen fehlender Waren können auch automatisch erfolgen. Zur artikelgenauen Verwaltung der

[Einstieg]
[Erarbeitung]
[Training]
[Projekte]
[Lernsituation]

Bestände gehören außerdem die automatische Bestandsführung pro Lagerfach und Lagerzone sowie die Bestandsaktualisierung auf Basis der aus den Lagerbereichen auflaufenden Rückmeldungen.

Versand

Das Lagerverwaltungssystem ermöglicht die artikelgenaue Erfassung der Warenausgänge. In vielen Fällen werden alle Funktionen unterstützt, die die Packprozesse optimieren. Hierzu zählen Vorschläge bezüglich Kartongrößen und Packreihenfolge sowie die Erstellung von Packlisten. Abschließend werden Ladelisten erzeugt und entweder ausgedruckt oder elektronisch an den Empfänger der Ware weitergeleitet.

Inventur

Lagerverwaltungssysteme helfen bei der Organisation und Durchführung der Inventur. Durch das ständige Erfassen aller Lagerzu- und -abgänge wird die Durchführung einer permanenten Inventur ermöglicht. Zwar kann eine permanente Inventur eine manuelle Inventur, d. h. das Überprüfen der Artikelmengen durch Zählen am Fach, nicht vollständig ersetzen, da Faktoren, wie z. B. Lagerschwund, nur manuell eingegeben werden können. Für einen ständigen Einblick in die kompletten Lagerbestände schafft sie jedoch eine unverzichtbare Grundlage.

Steuerung des Warenflusses im Lager

Die EDV verwaltet den Warenfluss im Lager und steuert die Lagergeräte (z. B. Stückgutförderer, Regalbediengeräte und fahrerlose Transportsysteme). So erhalten beispielsweise Regalbediengeräte von der EDV die Koordinaten des Lagerfaches, aus dem ein Behälter zu entnehmen ist. Lagerbehälter, die über einen maschinenlesbaren Code verfügen, wandern über Förderbänder an Lesestationen vorbei und werden nach den Kommissioniervorgaben selektiert und zur entsprechenden Packstation befördert. Staplerleitsysteme ermöglichen eine wegeoptimierte Warenein- und -auslagerung sowie eine Rückmeldung der durchgeführten Transportaufträge. Fahrerlose Transportsysteme erhalten über das Lagerverwaltungssystem die Daten für die Start- und Stoppstellen zur Güteraufnahme, zum Gütertransport sowie zur Güterverteilung und -abgabe.

a) Warum ist die Verwendung eines Lagerverwaltungssystems aus den meisten Lagern nicht mehr wegzudenken?

....

....

....

....

b) In jedem Unternehmen stellt sich ständig die Frage, ob Waren in ausreichendem Maße vorhanden sind, ohne zu große Lagerbestände einerseits oder Lieferengpässe andererseits in Kauf nehmen zu müssen. Wie hilft ein EDV-gestütztes Warenwirtschaftssystem, dieses Problem zu lösen?

....

....

....

....

....

c) Ordnen Sie die folgenden Aufgaben eines Lagerverwaltungssystems (LVS) den entsprechenden Basisfunktionen zu, indem Sie hinter den Aufgaben die Nummer der entsprechenden Basisfunktion eintragen. Es können einigen Aufgaben auch mehrere Basisfunktionen zugeordnet werden.

Basisfunktionen eines LVS:

1. Wareneingangsabwicklung
2. Auftragsbearbeitung
3. Kommissionierung
4. Lagerverwaltung
5. Versand
6. Inventur
7. Warenflusssteuerung

Aufgaben eines LVS:

Steuerung eines Regalbediengerätes im Hochregallager	☐
Wegeoptimierung	☐
Bestandsfortschreibung	☐
Etikettendruck	☐
Vergabe der Wareneingangsnummer	☐
Erstellung von Kommissionierlisten	☐
Abgleich des Wareneingangs mit der Bestellung	☐
Bestellauslösung	☐
Erstellung von Inventurlisten	☐
Steuerung des fahrerlosen Transportsystems	☐
Lagerplatzzuordnung	☐
automatische Erfassung der Bestelldaten mit gleichzeitiger Überprüfung der Lieferfähigkeit	☐
Erstellen von Ladelisten	☐

Trainingsaufgaben

1. Das Lager lässt sich entsprechend dem Durchlauf der Güter in verschiedene Funktionsbereiche einteilen. Welche sind das?
2. Welches sind die häufigsten Anordnungsformen von Wareneingangs- und Warenausgangsbereich im Lagergebäude?
3. Was versteht man unter dem „I-Layout“?
4. Nach welchen Gesichtspunkten kann die Aufteilung des Lagerbereichs in Lagerzonen erfolgen?
5. Was versteht man unter einer numerischen Location nach dem dekadischen Prinzip?
6. Welche beiden Wegstrategien können unterschieden werden?
7. Was ist ein „Doppelspiel“?
8. Erläutern Sie das Festplatzsystem und das Freiplatzsystem.
9. Nennen Sie je drei Vor- und Nachteile des Festplatzsystems.
10. Nennen Sie je drei Vor- und Nachteile des Freiplatzsystems.
11. Nennen und erläutern Sie die Einlagerungsgrundsätze.
12. Was versteht man unter dem Begriff „Komplettierung“?

[Einstieg]
[Erarbeitung]
[Training]
[Projekte]
[Lernsituation]

4 Lagertechnik

Einstiegssituation: Bodenlagerung

Überlegen Sie, ob sich die folgende Lagerart für einen Betrieb eignet, der Bier herstellt (palettierte Ware, häufige Kommissionierung, Haltbarkeit ca. 3 Monate):

Bodenlagerung der Paletten als Blocklager,
jeweils 14 Paletten auf die Länge des Lagers,
5 Paletten auf die Breite.

Begründen Sie Ihre Antwort.

Bodenlagerung

Erarbeitungsaufgaben

1. Ergänzen Sie die Lücken in dem folgenden Text mit diesen Begriffen:

- alle Lagereinheiten
- dynamischen (2x)
- statischen (2x)
- Blocklagerung
- Fachbodenregal
- Lagereinrichtungen
- Stückgüter
- Zeilenlagerung
- Bodenlagerung (2x)
- Freilager
- Regallagerung (2x)
- Verschieberegal
- Gebäudelager
- Reihenlagerung
- witterungsunempfindliche Güter
- Kompaktlagerung

Lagersysteme lassen sich in verschiedene Kategorien unterscheiden:

Nach dem Witterungsschutz kann unterschieden werden zwischen .... und .... wie z. B. Kies, Sand oder Leergut können im Freilager gelagert werden. Die meisten .... werden allerdings in Gebäuden gelagert.

Nach der Bewegung der Packstücke während der Lagerung kann unterschieden werden zwischen .... und .... Lagersystemen. Bei .... Lagersystemen verbleiben die Packstücke von der Einlagerung bis zur Auslagerung an ein und derselben Stelle, z. B. in einem .... Bei der .... Lagerung ändert das Packstück während der Lagerung den Lagerort, d. h., es bewegt sich in oder mit dem Regal, z. B. in einem ....

Hinsichtlich der Zugriffsmöglichkeit kann unterschieden werden zwischen .... und .... Bei der Zeilenlagerung ist ein direkter

[Einstieg]
[Erarbeitung]
[Training]
[Projekte]
[Lernsituation]

Zugriff auf .... jederzeit möglich. Bei der Kompaktlagerung (z. B. Blocklagerung) ist dies nicht möglich.
Hinsichtlich der Lagereinrichtung kann zwischen .... und .... unterschieden werden. Die .... unterteilt sich in .... und .... Zur .... gehört beispielsweise die Lagerung in besonderen .... wie dem Palettenregal oder dem Durchlaufregal.

2. Formulieren Sie die richtige Aussage; jeweils eines der fett gedruckten Worte muss wegfallen.

a) Schräg versetzte Reihenstapel **erhöhen / vermindern** die Rangierzeit des Staplers.
b) Die Erweiterungsmöglichkeiten sind bei Bodenlagerung **gut / schlecht** .
c) Das FIFO-Prinzip ist bei Blockstapeln **nicht anwendbar / gut anwendbar** .
d) Die Kosten für Lagereinrichtungen bei der Blocklagerung sind **hoch / niedrig**.
e) Die Flächen- und Raumausnutzung ist beim Blockstapel **hoch / niedrig** .
f) Die Stapelhöhe hängt ab **vom Lagerpersonal / von der Tragfähigkeit des Bodens**.
g) Der Personalaufwand ist bei Blocklagerung **hoch / niedrig.**
h) Die Flächenaufteilung bei Bodenlagerung ist **flexibel / starr .**
i) Bei ungestapelter Reihenlagerung ist die Raumausnutzung **gut / schlecht**.
j) Beim Reihenstapel besteht ein **direkter Zugriff / kein direkter Zugriff** .
k) Die Lagerorganisation bei Bodenlagerung ist **einfach / aufwendig** .
l) Bodenlagerung ist **schlecht mechanisierbar / gut mechanisierbar** .
m) Die Übersicht ist bei Bodenlagerung bei hohen Beständen **schlechter / besser** als bei Regallagerung.
n) Bei Reihenstapelung ist die Flächenausnutzung **besser / schlechter** als bei Blockstaplung.

3. Welche Vorteile sind mit der dargestellten Form der Reifenlagerung (Bodenlagerung) verbunden? Erläutern Sie zwei Vorteile. Nennen und erläutern Sie auch zwei Nachteile der Bodenlagerung gegenüber der Lagerung in Regalen.

Reifenlagerung

Vorteile der Bodenlagerung	Nachteile der Bodenlagerung
....	....
....	....
....	....
....	....
....	....
....	....
....	....

[Einstieg]
[Erarbeitung]
[Training]
[Projekte]
[Lernsituation]

4. Für welche Form der Bodenlagerung treffen die folgenden Aussagen zu? Schreiben Sie den zutreffenden Begriff jeweils dazu.

Aussagen	Form der Bodenlagerung
a) Es besteht ein direkter Zugriff von beiden Seiten.	
b) Es wird nach dem LIFO-Prinzip gelagert.	
c) Die Form der Anordnung senkt die Rangierzeit der Stapler, vermindert aber die Raumausnutzung.	
d) Diese Form der Bodenlagerung ist geeignet für verderbliche Güter.	
e) Optimale Nutzung des vorhandenen Lagerraums.	

5. Stellen Sie fest, ob in den folgenden Fällen die Sicherheitsvorschriften eingehalten werden und begründen Sie Ihre Antwort.

a) Im Palettenlager sind sechs Gitterboxen aufeinander gestapelt.

....

....

b) Im Kleinteilelager sind Kisten (70 cm x 60 cm x 35 cm) übereinander gestapelt. Die Höhe des Stapels beträgt 3,50 m. Sie messen die Neigung und stellen fest, dass der Stapel 7 cm aus dem Lot ist.

....

....

c) Fünf Euro-Flachpaletten mit einer Beladung von jeweils 800 kg sind übereinander gestapelt (Tragkraft einer Europalette = 1000 kg).

....

....

....

d) Vier Europaletten mit einer Gesamthöhe von je 1,40 m sind übereinander gestapelt.

....

....

....

e) Im halboffenen Lager wurden Europaletten mit Kopierpapier auf einem abschüssigen Kiesboden gestapelt. Die Höhe des Stapels beträgt 4,0 m. Sie messen die Neigung und stellen fest, dass der Stapel 9 cm aus dem Lot ist.

....

....

....

....

....

....

6. Die im Folgenden abgebildete Regalart ist in vielen Unternehmen zu finden.

a) Um welche Regalart handelt es sich?

b) Für welche Güter eignet sich das abgebildete Regal?

c) Ordnen Sie den folgenden Begriffen die entsprechenden Nummern aus der Abbildung zu.

Fußleisten	☐	Trennbleche	☐	Reifenträger	☐
Kleiderstange	☐	Fachboden	☐	Stützrahmen	☐
Rückwand	☐	Seitenwand	☐	Stahlschublade	☐
Lagersichtkasten	☐				

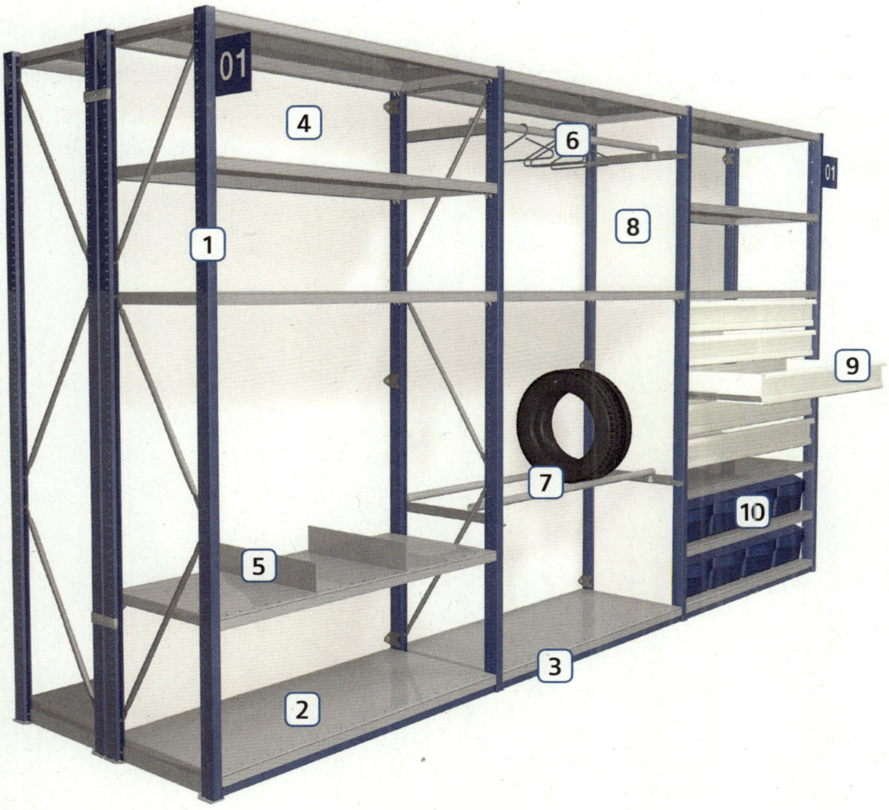

d) Die ALLMÖ GmbH verfügt über einen 5 m hohen Lagerraum, in dem Kleinteile in einem Fachbodenregal gelagert werden sollen. Der Lagerleiter meint, dass die Lagerung in einem Fachbodenregal reine Raumverschwendung wäre. Können Sie dieses Argument widerlegen?

e) Nennen Sie drei Vorteile eines Fachbodenregals.

7. Entscheiden Sie, ob es sich bei den folgenden Aussagen jeweils um eine richtige [R] oder eine falsche Aussage [F] zum Palettenregal handelt.

a) Dieses Regal ist sehr flexibel. ☐
b) Man kann es gut automatisieren. ☐
c) Die Raumausnutzung ist sehr hoch. ☐
d) Die Investitionskosten sind sehr hoch. ☐
e) Es ist für die Lagerung von Stabmaterial und Langgut geeignet. ☐
f) Es ist für die Lagerung von Kabeltrommeln geeignet. ☐
g) Man braucht das Regal nicht regelmäßig zu warten. ☐

8. Ordnen Sie den folgenden Begriffen die entsprechenden Nummern aus der Abbildung zu.

Stahl-Auflegepaneele ☐	Palettenauszugschiene ☐	Führungsschiene am Boden ☐
Traglastschild ☐	Anfahrschutz ☐	Fachebene mit Spanplatte ☐
Gitterboxschiene ☐	Stützrahmen ☐	Schutzplanke ☐
Stahl-Einlegesegmente ☐	Hintere Herabfallsicherung ☐	Distanzstück bei Doppelregalen ☐
Fassauflage ☐	Längstraverse ☐	
Bodenlagerung ☐	Quertraverse ☐	

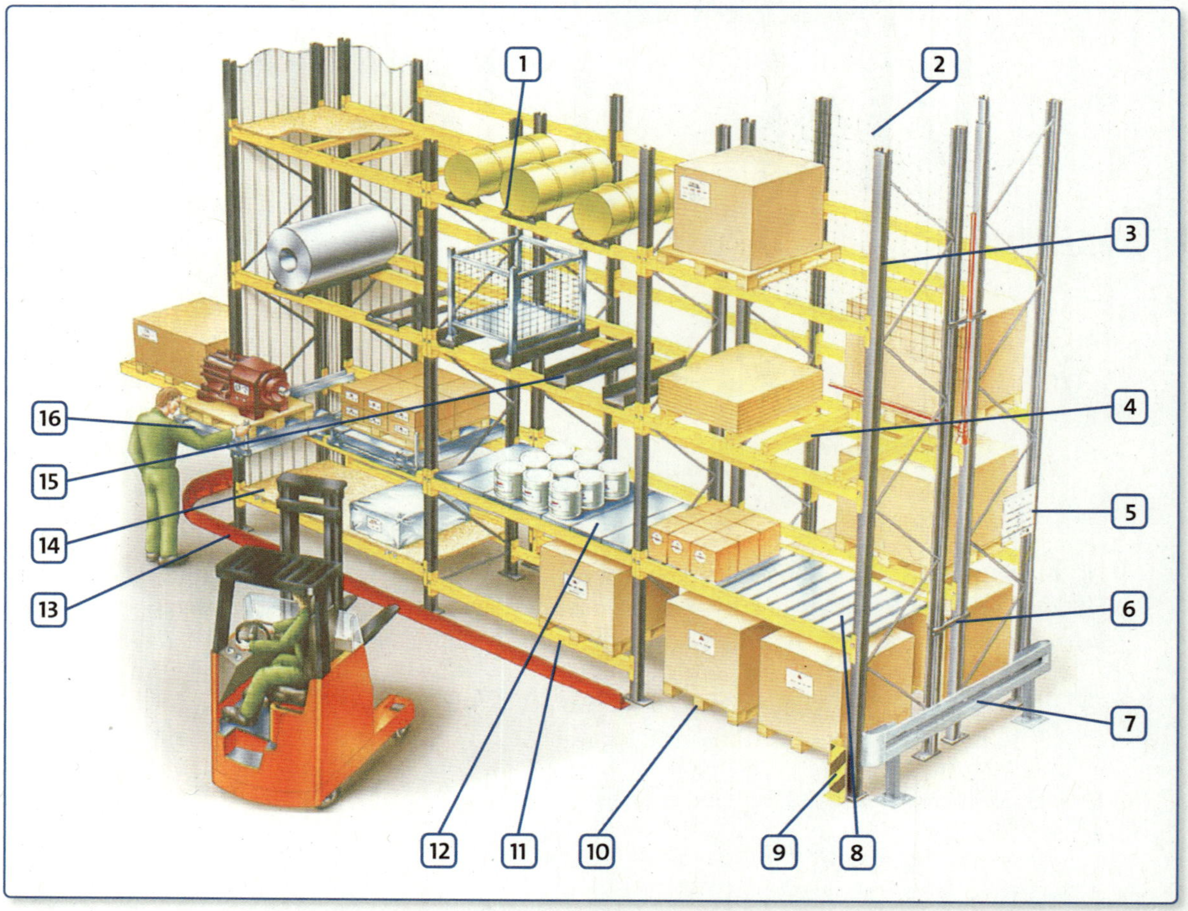

Palettenregal

[Einstieg]
[Erarbeitung]
[Training]
[Projekte]
[Lernsituation]

9. Geben Sie in der Abbildung die Maße der Europalette an und entscheiden Sie, bei welcher Einlagerung der Europaletten es sich um eine Längseinlagerung oder Quereinlagerung handelt.

.... -einlagerung

.... -einlagerung

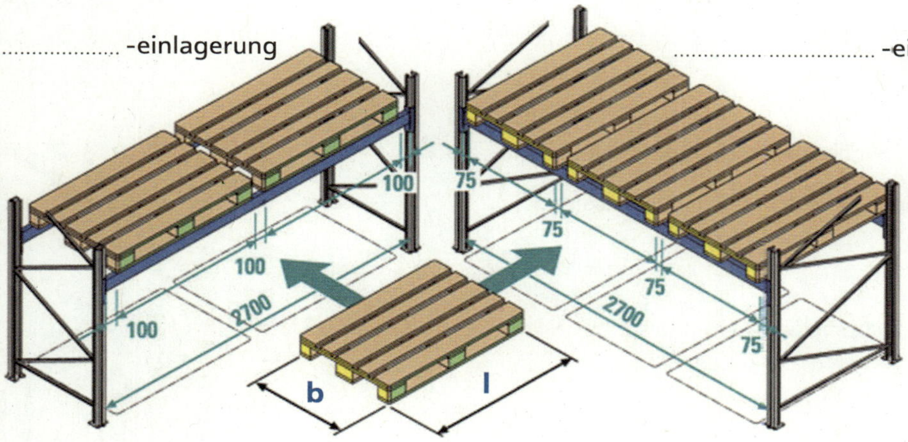

b = ... mm   l = ... mm

Palettenregal

10. Kreuzen Sie an, welche der genannten Anforderungen bei einem Kanalregal erfüllt werden können.

a) Der Lagerraum soll optimal ausgenutzt werden, auch in der Höhe. ☐

b) Es soll nach dem Freiplatzsystem eingelagert werden. ☐

c) Schneller Zugriff auf jede einzelne Palette. ☐

d) Ein- und Auslagerung kann mit einem normalen Stapler erfolgen. ☐

e) Große Mengen gleichartiger Artikel sollen kostengünstig gelagert werden. ☐

11. a) Bei Durchlaufregalen erfolgt die Ein- und Auslagerung getrennt. Welche Vorteile hat das?

....

....

....

....

b) Warum werden Durchlaufregale oft dort eingesetzt, wo kommissioniert werden muss?

....

....

....

[Einstieg]
[Erarbeitung]
[Training]
[Projekte]
[Lernsituation]

12. Die ALLMÖ GmbH lagert Rohre und Holzleisten in einem Kragarmregal. Der Lagerleiter ärgert sich immer wieder darüber, dass sich die Holzleisten im Kragarmregal stark durchbiegen. Machen Sie einen Vorschlag für eine optimale Lagerung der Holzleisten.

....

....

13. Betrachten Sie die im Bild dargestellte Regalart.

Regalanlage

a) Um welche Art von Regal handelt es sich?

....

b) Welche Sicherheitseinrichtungen muss ein solches Regal haben? Nennen Sie zwei Möglichkeiten.

....

c) Nennen Sie jeweils einen Vorteil und einen Nachteil dieser Regalform.

....

....

....

14. Ordnen Sie zu, welche Aussagen auf ein Karussellregal [K] und welche auf ein Paternosterregal [P] zutreffen. Manche Aussagen treffen auf beide Regalarten zu, manche auf keine.

a) Die Höhe des Raumes wird genutzt. [ ]

b) Alle Regalfächer mit Ware bewegen sich, wenn ein- oder ausgelagert wird. [ ]

c) Die Ware kommt zum Mann. [ ]

d) Geeignet für hängende Ware. [ ]

e) Es gibt Wartezeiten bei der Ein- und Auslagerung. [ ]

f) Günstiges Regal bei sehr hoher Umschlagshäufigkeit. [ ]

g) Der Mann geht zur Ware. [ ]

h) Die Tiefe des Raumes wird genutzt. [ ]

15. Der folgende Text enthält drei falsche Aussagen. Markieren Sie diese und korrigieren Sie die Falschaussagen in Ihrem Arbeitsheft.

Einfahrregal:
Bei diesem Regalsystem werden die Vorteile der Blockstapelung und Regallagerung miteinander verbunden. Die Paletten werden übereinander auf zwei durchlaufenden Spezialprofilen abgesetzt. Einfahrregale haben nur eine offene Seite, in die der Stapler einfährt und die Palette absetzt bzw. auch wieder herausholt. Das bedeutet, dass die zuerst eingelagerte Palette auch zuerst ausgelagert wird (FIFO-Prinzip).

Turmregal:
Das Turmregal ist die moderne Version des Paternosterregals. Die Ein- und Auslagerung erfolgt automatisch durch ein Regalbediengerät mit Shuttle. Die Waren werden bei jeder Ein- und Auslagerung bewegt.

[Einstieg]
[Erarbeitung]
[Training]
[Projekte]
[Lernsituation]

16. Ergänzen Sie die folgenden Sätze.

a) Die Behälter zur Lagerung von Gütern in Turmregalen heißen ....

b) Dieses bewegliche Regal hat den Vorteil kurzer Wege. Allerdings sind Sicherungen erforderlich, damit niemand eingeklemmt wird. Es heißt .... regal.

c) Das .... regal ist zur Einlagerungsseite hin geneigt. Es wird sortenrein nach dem LIFO-Prinzip gelagert.

d) Wenn das Regalbediengerät eine Palette einlagert und auf dem Rückweg eine Palette auslagert, nennt man das ....

e) Die Rahmenteile, die dazu da sind, das Regal zu stabilisieren, heißen ....

17. Für welche Regalart/-arten gelten die folgenden Aussagen. Nennen Sie jeweils mindestens eine Regalart.

Aussage	Regalarten
a) Die Lagerung der Ladeeinheiten (z. B. Paletten) erfolgt im Block. Die Paletten werden mit dem Stapler eingelagert und auf Quertraversen gelagert. Das Regal hat zwei offene Stirnseiten.	....
b) Dieses Regal ermöglicht die kostengünstige Lagerung von Langgut. Der Platzbedarf ist relativ hoch.	....
c) Die Güter lagern auf Tablaren und werden nur zur Ein- und Auslagerung bewegt. Das Regal eignet sich auch zur automatisierten Lagerung von Kleinteilen.	....
d) Besondere Sicherheitsvorschriften sind einzuhalten, um zu verhindern, dass Personen zwischen den Regalkörpern eingeklemmt werden.	....
e) Dieses Regal ist sehr gut für ein Kommissionierlager geeignet. Die Ware wird auf Rollenbahnen gelagert.	....
f) Bei dieser Form des Palettenregals gilt das LIFO-Prinzip.	....
g) Bei dieser Regalart sind die Rollenbahnen zur Auslagerungsseite hin geneigt; die Auslagerungsseite ist niedriger als die Beschickungsseite.	....
h) Dieses Regal eignet sich gut für die automatisierte Lagerung palettierter Güter mit mittlerer bis hoher Umschlagshäufigkeit.	....

[Einstieg]
[Erarbeitung]
[Training]
[Projekte]
[Lernsituation]

18. Bringen Sie die Schritte der Ein- und Auslagerung in einem automatischen Hochregallager in die richtige Reihenfolge.

- Die Paletten passieren den I-Punkt. ☐
- Die Auslagerung wird vom Lagerverwaltungssystem erfasst. ☐
- Die Paletten werden auf Stetigförderer (Rollenbahnen, Fahrerlose Transportsysteme) gesetzt. ☐
- Regalförderzeuge lagern im Doppelspiel Paletten ein und aus. ☐
- Am Einlagerungspunkt werden die Paletten den Regalförderzeugen übergeben. ☐
- Am K-Punkt werden die Paletten vom Regalbediengerät an das Fördersystem übergeben. ☐

19. Erstellen Sie eine Übersicht, in der Sie die Regalarten nach folgenden Kriterien ordnen:

a) Welche Regalarten eignen sich für Kleinteile?

b) Welche Regale eignen sich besonders für Massengüter?

c) Welche Regalarten sind in der Regel mit vollautomatischer Ein- und Auslagerung verbunden?

d) Welche Regalarten sind manuell bedienbar oder halb automatisiert?

e) Welche Regalarten eignen sich nur für sortenreine/artikelreine Lagerung?

f) Welche Regalarten sind für Langgut geeignet?

Kriterien	Regalarten
(A) Kleinteile	
(B) Massengüter	
(C) vollautomatische Ein- und Auslagerung	
(D) manuell oder halb automatisiert	
(E) nur sortenrein/artikelrein	
(F) Langgut	

[Einstieg]
[Erarbeitung]
[Training]
[Projekte]
[Lernsituation]

20. Entscheiden Sie, ob es sich um richtige (R) oder falsche (F) Aussagen handelt. Korrigieren Sie die falschen Aussagen in Ihrem Arbeitsheft.

a) Direkter Zugriff bedeutet, dass der Kommissionierer die Ware direkt greifen kann, d.h., er hat keine Wegzeit. ☐

b) Die Mindestgangbreite beträgt bei manueller Bedienung 1,5 m. ☐

c) Fachbodenregale eignen sich besonders für die Lagerung von geringen Mengen und Kleinteilen. ☐

d) Zwei wesentliche Vorteile von Verschieberegalen sind die kurzen Arbeitswege und die sehr gute Flächenausnutzung. ☐

e) Bei einem Einfahrregal ist der Platzbedarf höher als bei einem Durchfahrregal. ☐

f) Palettenregale sind nachträglich automatisierbar. ☐

g) Einfahrregale ermöglichen die Einlagerung nach dem FIFO-Prinzip. ☐

h) Bei einem Kanalregal wird Lagerfläche gespart, da die Raumhöhe ausgenutzt werden kann. ☐

i) Die maximale Durchbiegung eines Regalbodens aus Metall darf 1% betragen. ☐

j) Paternosterregale ermöglichen die Kommissionierung nach dem Prinzip Ware zum Mann. ☐

k) Bei einem Durchlaufregal läuft man durch und nimmt sich die Teile, die man braucht. ☐

21. Sie sind im Lager eines Großhandelsunternehmens beschäftigt und sollen Europaletten in ein Quertraversenregal einlagern. Folgende Paletten sind einzulagern:

Palette	Gewicht in kg
1	900
2	700
3	1 000
4	600
5	700
6	1 500

Palette	Gewicht in kg
7	850
8	1 000
9	550
10	900
11	1 500
12	1 500

a) Bestimmen Sie das Gesamtgewicht der Paletten. ....

b) Ordnen Sie die Europaletten dem entsprechenden Fach des Quertraversenregals zu, indem Sie die Palettennummer und das Gewicht in die Regalskizze eintragen. Beachten Sie hierbei die Fach- und Feldlast des Regals und die Regeln einer optimalen Einlagerung, d.h. möglichst gleichmäßige Verteilung der Lasten auf alle Regalfelder. Berücksichtigen Sie auch, dass schwere Güter möglichst unten einzulagern sind.

Die Fachlast des Regals beträgt 1000 kg und die Feldlast 3000 kg.

[Einstieg]
[Erarbeitung]
[Training]
[Projekte]
[Lernsituation]

22. Welche wichtige Vorschrift der Berufsgenossenschaft ist bei Kragarmregalen einzuhalten, um ein Kippen des Regals zu verhindern?

23. Bei der Lagerung von Gefahrstoffen gelten besondere Vorschriften. Finden Sie die 13 Fehler in dem folgenden Suchbild und notieren Sie diese.

Lösung zum Suchbild:

[Einstieg]
[Erarbeitung]
[Training]
[Projekte]
[Lernsituation]

Trainingsaufgaben

1. Wie kann Schüttgut gelagert werden?
2. Nennen Sie drei statische Lagersysteme.
3. Nennen Sie drei dynamische Lagersysteme.
4. Wodurch unterscheiden sich Reihenlagerung und Blocklagerung?
5. Nennen Sie drei Kriterien, von denen die Stapelhöhe bei der Bodenlagerung abhängt.
6. Für welche Güter eignet sich die Blocklagerung?
7. Nennen Sie je zwei Vor- und Nachteile der Blocklagerung.
8. Wie hoch ist die maximale Tragfähigkeit einer Europalette?
9. Wie hoch ist die maximale Tragfähigkeit einer Gitterboxpalette?
10. Wie viele Gitterboxpaletten dürfen höchstens aufeinander gestapelt werden?
11. Was ist beim Stapeln schwerer und leichter Lasten zu beachten?
12. Nennen Sie drei Kriterien für die Auswahl von Lagereinrichtungen.
13. Nennen Sie drei Zubehörteile für Fachbodenregale.
14. Welche beiden Arten von Palettenregalen können unterschieden werden?
15. Welches ist die maximale Höhe von Flachlagern, Hochflachlagern und Hochregallagern?
16. Nach welchem Einlagerungsgrundsatz erfolgt die Ein- und Auslagerung bei einem Einfahrregal?
17. Nach welchem Einlagerungsgrundsatz erfolgt die Ein- und Auslagerung bei einem Durchfahrregal?
18. Was versteht man unter einem „Kuli" in einem Kanalregal?
19. Nennen Sie je drei Vor- und Nachteile eines Durchlaufregals.
20. Über welche Seite erfolgt die Ein- und Auslagerung bei einem Wabenregal?
21. Worin erfolgt die Lagerung von Kleinteilen in einem automatischen Kleinteilelager?
22. Nennen Sie je drei Vor- und Nachteile eines automatischen Behälterregals.
23. Was passiert im Hochregallager am sogenannten Identifikationspunkt?
24. Was passiert im Hochregallager am sogenannten Kontrollpunkt?
25. Welche Bauweisen für ein Hochregallager können unterschieden werden?
26. Wo ist das Lagern von Gegenständen grundsätzlich verboten?
27. Erläutern Sie die Begriffe „Fachlast" und „Feldlast".
28. Was versteht man unter der Stützweite?
29. Was sind Gefahrstoffe?
30. Wie müssen die Fußböden in einem Gefahrstofflager beschaffen sein?

[Einstieg]
[Erarbeitung]
[Training]
[Projekte]
[Lernsituation]

5 Gesetze und Verordnungen zum Arbeits- und Umweltschutz

Einstiegssituation: Bedeutung von Arbeits- und Umweltschutz

Beschreiben Sie die folgenden Karikaturen und nehmen Sie dazu Stellung.

Karikatur 1

Karikatur 2

Erarbeitungsaufgaben

1. Welche Ziele verfolgt der Arbeitsschutz?

....

....

....

2. Entscheiden Sie, ob die folgenden Aussagen richtig (R) oder falsch (F) sind. Korrigieren Sie die falschen Aussagen in Ihrem Arbeitsheft.

a) Die DGUV-Vorschriften, ehemals UVV, werden von den Berufsverbänden erlassen. ☐

b) Das Arbeitsschutzgesetz schreibt vor, dass für jeden Arbeitsplatz eine Gefährdungsbeurteilung erstellt wird. ☐

c) Laut Arbeitsschutzgesetz sind Gefahren in erster Linie durch das richtige Verhalten der Beschäftigten und durch eine angemessene persönliche Schutzausrüstung zu bekämpfen. ☐

d) Kleinbetriebe mit 10 oder weniger Beschäftigten brauchen keine Gefährdungsbeurteilung zu erstellen. ☐

e) Arbeitnehmer, die Gefahren ausgesetzt sind, haben das Recht auf regelmäßige arbeitsmedizinische Untersuchungen. ☐

f) Stellen Arbeitnehmer Gefahren und Sicherheitsmängel fest, müssen sie diese unverzüglich beseitigen. ☐

g) Pendeltüren und Pendeltore sollten aus durchsichtigem Material bestehen. ☐

h) Türen in Rettungswegen müssen sich jederzeit öffnen lassen. ☐

i) Die Raumtemperatur im Lager sollte bei schwerer Arbeit mindestens 20 °C betragen.

j) Bei Arbeit im Freien muss der Beschäftigte auf seine Kosten geeignete Schutzkleidung beschaffen.

k) Die Unterweisung über Gefahren einer Tätigkeit muss vor Aufnahme der Tätigkeit und danach alle 2 Jahre erfolgen.

l) Die grundsätzliche Verantwortung für den Arbeitsschutz liegt beim Gewerbeaufsichtsamt.

m) Verkehrswege, auf denen Stapler oder Regalbediengeräte fahren, müssen so breit sein, dass zwischen Fahrzeug und Wand oder Regal mindestens 0,5 m Sicherheitsabstand liegen.

n) Der Sicherheitsabstand zu Türen, Toren, Ausfahrten und Treppenaustritten beträgt 0,75 m.

3. Lösen Sie das folgende Rätsel zum Thema „Arbeits- und Umweltschutz“.

a) Kernpunkte dieser Verordnung bilden die Gefährdungsbeurteilung, zu ergreifende Schutzmaßnahmen sowie die arbeitsmedizinische Vorsorge.

b) Oberbegriff für Luftverunreinigungen, Geräusche, Erschütterungen, Licht, Wärme und Strahlen, die von einer Anlage ausgehen.

c) Sie muss in Lager- und Maschinenräumen bei leichter Arbeit im Stehen mindestens 19 °C betragen.

d) Überprüfung der Einhaltung gültiger Regeln.

e) Er darf bei allen Tätigkeiten höchstens 85 dB(A) betragen.

f) Das Gefahrstoffsymbol mit der Flamme weist auf diese Eigenschaft des Gefahrstoffes hin.

g) Er trägt die grundsätzliche Verantwortung für die Einhaltung des betrieblichen Arbeits- und Gesundheitsschutzes.

h) Es ist ein weltweit anerkanntes Sicherheitszeichen für Haus- und Elektrogeräte.

i) Belehrung der Arbeitnehmer über die am Arbeitsplatz bestehenden Gefahren.

j) Es muss für jeden Gefahrstoff erstellt werden. Darin finden sich wichtige Informationen zu den Inhaltsstoffen, zur Verwendung, Lagerung und Entsorgung des Gefahrstoffs.

k) Abkürzung für das weltweit harmonisierte System zur Einstufung und Kennzeichnung gefährlicher Substanzen.

l) Sie ist Träger der gesetzlichen Unfallversicherung und erlässt zum Beispiel die DGUV-Vorschriften..

Lösungswort senkrecht: Sie sind stets freizuhalten. Zu ihnen gehören Gänge und Fahrwege.

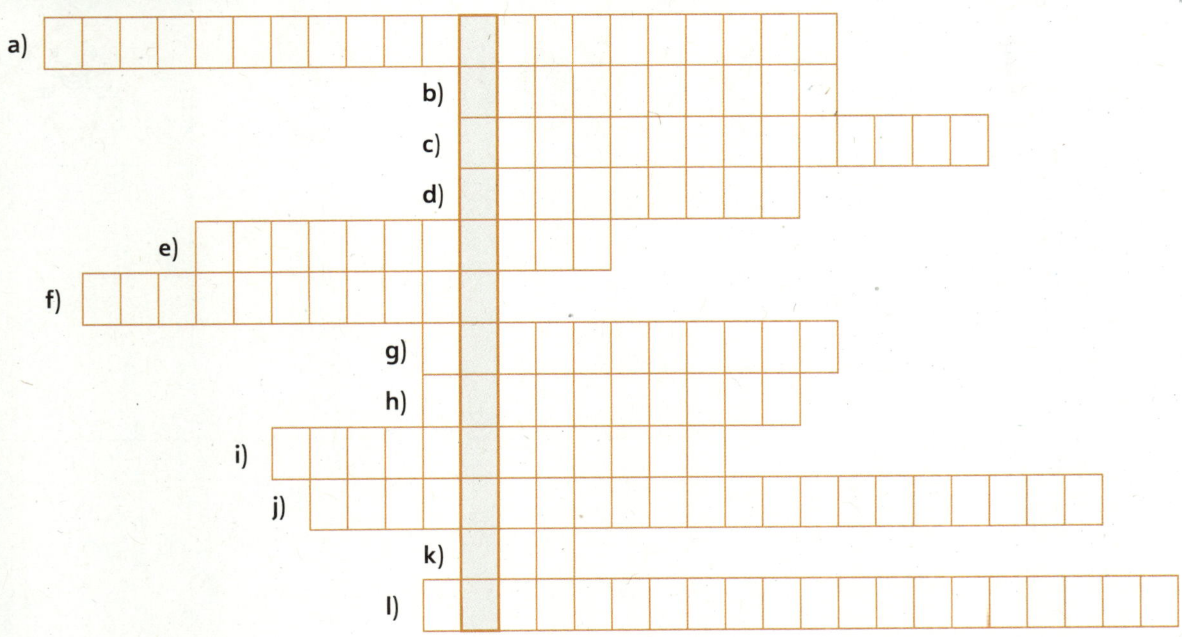

[Einstieg]
[Erarbeitung]
[Training]
[Projekte]
[Lernsituation]

5. Es gibt viele Stoffe, die gefährliche Eigenschaften aufweisen und von denen eine Gefährdung für den Menschen und sein Umfeld ausgehen. Um derartige Gefährdungen zu verhindern, müssen Sie in der Lage sein, Gefahrstoffe zu erkennen, um richtig mit ihnen umgehen zu können.
   a) Ordnen Sie den Gefahrstoffsymbolen die entsprechende Bezeichnung zu.
   b) Ordnen Sie die unten stehenden Gefahren, Vorsichtsmaßnahmen und Beispiele den entsprechenden Gefahrstoffsymbolen zu. Achtung: Die Gefahren, Vorsichtsmaßnahmen und Beispiele stehen durcheinander.

Gefahren	Vorsichtsmaßnahmen	Beispiele
G1 Stoffe, die unter bestimmten Bedingungen explodieren können	V1 Dämpfe nicht einatmen und Berührung mit Haut und Augen vermeiden	B1 • Salzsäure • Batteriesäure • Abflussreiniger (Natriumhydroxid)
G2 Lebendes Gewebe, aber auch viele Materialien werden bei Kontakt mit dieser Chemikalie zerstört.	V2 Kontakt mit Zündquellen/ Gefahrenquellen (Luft, Wasser) vermeiden	B2 • Glycerintrinitrat • Pikrinsäure • Sägemehl
G3 Nach Einatmen, Verschlucken oder Aufnahme durch die Haut treten meist Gesundheitsschäden erheblichen Ausmaßes oder gar der Tod ein.	V3 Jeglichen Kontakt mit dem menschlichen Körper vermeiden und bei Unwohlsein sofort den Arzt aufsuchen	B3 • Kaffeemaschinenreiniger • viele Putzmittel • Zementprodukte
G4 selbstentzündliche Stoffe, entzündbare Gase und Flüssigkeiten, feuchtigkeitsempfindliche Stoffe	V4 Dämpfe nicht einatmen und Berührung mit Haut, Augen und Kleidung vermeiden, Schutzbrille und Schutzhandschuhe tragen	B4 • Spiritus • Klebstoffe • Aceton
G5 Stoffe, mit Reizwirkung auf Haut, Augen und Atmungsorgane	V5 Schlag, Stoß, Reibung, Funkenbildung und Hitzeeinwirkung vermeiden	B5 • Methanol • Quecksilber • Nikotin

a)	gesundheitsschädlich / reizend	....	....	....	....
b)	G5 V1 B3	....	....	....	....

[Einstieg]
[Erarbeitung]
[Training]
[Projekte]
[Lernsituation]

6. Ordnen Sie die folgenden Gefahren den beschriebenen Gefahrstoffsymbolen zu.
Gefahren: gesundheitsschädlich, giftig, entzündlich, umweltgefährlich, explosiv, oxidierend

a) Flamme über einem Kreis: ....

b) Totenkopf: ....

c) Ausrufezeichen: ....

d) Flamme: ....

e) Baum und Fisch: ....

f) Explodierende Bombe: ....

7. Der Auszubildende Marcel Fröhlich ist zurzeit im Lager der Schöner Wohnen GmbH beschäftigt und hat am heutigen Tag aus dem „EG-Sicherheitsdatenblatt Abflussreiniger“ eine Betriebsanweisung erstellt. Überprüfen Sie die Betriebsanweisung auf Vollständigkeit und Korrektheit. Fehlende oder falsche Angaben sind in der Betriebsanweisung zu ergänzen bzw. zu verbessern. Skizzieren Sie außerdem die fehlenden Sicherheitskennzeichen in den jeweils richtigen Farben in der Betriebsanweisung.

Auszug aus dem EG-Sicherheitsdatenblatt:

EG-Sicherheitsdatenblatt Abflussreiniger

Sicherheitsdatenblatt gemäß 91/155/EWG Stand: 10.06.20..

1. Stoff/Zubereitungs- und Firmenbezeichnung

Angaben zum Produkt
Gefahrstoffbezeichnung

Abflussreiniger

Angaben zum Lieferanten
WIBIS AG
Obfelderstrasse 31
CH-8910 Affoltern a. A.
Telefon: 01/761 63 36 Fax: 01/761 17 86

2. Zusammensetzung/Angaben zu Bestandteilen

...

3. Gefahren für Mensch und Umwelt

Abflussreiniger ist ätzend und kann die Haut und anderes lebendes Gewebe zerstören. Einwirkung auf die Augen kann zur Erblindung führen. Der Reiniger und seine Lösungen im Wasser sind stark alkalisch und können heftig mit Säuren reagieren.

4. Erste-Hilfe-Maßnahmen

Allgemeine Hinweise
Beschmutzte oder getränkte Kleidung sofort ausziehen. Betroffene Stellen mit Wasser waschen.

Nach Einatmen: Frischluftzufuhr, ggf. Arzt konsultieren.
Nach Hautkontakt: Bei Berührung mit der Haut sofort mit viel Wasser abwaschen.
Nach Augenkontakt: 10 Min. bei gespreizten Lidern unter fließendem Wasser gründlich ausspülen; ggf. Arzt
Nach Verschlucken: Mund ausspülen und reichlich Wasser nachtrinken

5 Verhalten im Gefahrfall (Maßnahmen zur Brandbekämpfung)

Bei Verschütten oder unbeabsichtigter Freisetzung geringe Mengen mit viel Wasser wegspülen. Größere Mengen mechanisch aufnehmen. Geeignete Löschmittel: Wasser, Schaum, Trockenlöschmittel. Produkt selbst brennt nicht.

6. Maßnahmen bei unbeabsichtigter Freisetzung

...

[Einstieg]
[Erarbeitung]
[Training]
[Projekte]
[Lernsituation]

7. Handhabung und Lagerung

Handhabung
Hinweise zum sicheren Umgang: Bei sachgemäßer Verwendung keine besonderen Maßnahmen erforderlich.
Hinweise zum Brand- und Explosionsschutz: Das Produkt ist nicht brennbar.

Lagerung
Anforderungen an Lagerräume und Behälter: Behälter an einem gut belüfteten Ort lagern.
Zusammenlagerungshinweise: keine besonderen Maßnahmen erforderlich

8. Schutzmaßnahmen und Verhaltensregeln (persönliche Schutzausrüstung)

Handschutz: Schutzhandschuhe
Augenschutz: Schutzbrille
Körperschutz: leichte Schutzkleidung
Schutz-/Hygienemaßnahmen: Im Arbeitsbereich nicht essen, trinken und rauchen. Nach Arbeitsende Hautpflegemittel verwenden.

9. Physikalische und chemische Eigenschaften

...

10. Stabilität und Reaktivität

...

11. Angaben zur Toxikologie (gesundheitsgefährliche Eigenschaften)

Sonstige Angaben (Erfahrungen aus der Praxis)
Die Wirkung des Produkts beruht einerseits auf seiner stark alkalischen Reaktion andererseits auf dem stark oxidierenden Charakter der zugrunde liegenden Unterchlorigen Säure und ihrer Reaktionsprodukte bei Kontakt mit organischem Material.

Reiz-/Ätzwirkung beim Einatmen: reizend
beim Verschlucken: ätzend
bei Hautkontakt: reizend
bei Augenkontakt: Gefahr ernster Augenschäden

12. Umweltinformationen

...

13. Sachgerechte Entsorgung

Produkt: Größere Mengen müssen als Sonderabfall entsorgt werden, kleinere Mengen können in Verdünnung in die Kanalisation geleitet werden.
Ungereinigte Verpackungen: Gespülte, gereinigte Verpackungen können der Wiederverwertung zugeführt werden. Nicht reinigungsfähige Verpackungen sind wie die Zubereitung zu entsorgen.

14. Angaben zum Transport

...

15. Vorschriften

Kennzeichnung gemäß GefStoffV/EG
kennzeichnungspflichtig
Gefahrensymbole C Ätzend
Bestandteile: enthält Kaliumhydroxid und Natriumhypochlorid
...

16. Sonstige Angaben

...

[Einstieg]
[Erarbeitung]
[Training]
[Projekte]
[Lernsituation]

Betriebsanweisung gem. § 14 GefStoffV

Nummer: 1

Firma: Schöner Wohnen GmbH

Abteilung/Arbeitsplatz: Lager

Unterschrift: Marcel Fröhlich Datum:

1. GEFAHRSTOFFBEZEICHNUNG

Gefahrstoff

2. GEFAHREN FÜR MENSCH UND UMWELT

Einwirkung auf die Augen kann zur Erblindung führen.

Der Reiniger und seine Lösungen im Wasser sind stark alkalisch und können heftig mit Säuren reagieren

3. SCHUTZMAßNAHMEN UND VERHALTENSREGELN

Handschutz: Keinen

Augenschutz: Gesichtsmaske

Körperschutz: leichte Schutzkleidung

Schutz-/Hygienemaßnahmen: Im Arbeitsbereich nicht essen trinken und rauchen. Nach Arbeitsende Hautpflegemittel verwenden.

4. VERHALTEN IM GEFAHRFALL

Bei Verschütten oder unbeabsichtigter Freisetzung geringe Mengen mit viel Wasser wegspülen. Größere Mengen mechanisch aufnehmen.

5. ERSTE HILFE

Beschmutzte oder getränkte Kleidung sofort ausziehen. Betroffene Stellen mit Wasser waschen. Nach Einatmen: Frischluftzufuhr, ggf. Arzt konsultieren; nach Hautkontakt: Bei Berührung mit der Haut sofort mit viel Wasser abwaschen; nach Augenkontakt: 10 Min. bei gespreizten Lidern unter fließendem Wasser gründlich ausspülen, ggf. Arzt konsultieren.

Nach Verschlucken: Mund ausspülen und reichlich Wasser nachtrinken.

6. SACHGERECHTE ENTSORGUNG

Produkt: Größere Mengen müssen als Sonderabfall entsorgt werden, kleinere Mengen können in Verdünnung in die Kanalisation geleitet werden.

Gespülte, gereinigte Verpackungen können der Wiederverwertung zugeführt werden. Nicht reinigungsfähige Verpackungen können im Hausmüll entsorgt werden.

[Einstieg]
[Erarbeitung]
[Training]
[Projekte]
[Lernsituation]

Trainingsaufgaben

1. Wer erlässt die Gesetze, Verordnungen, Vorschriften und Regeln zum Arbeits- und Umweltschutz?
2. Wodurch können Gefährdungen am Arbeitsplatz entstehen?
3. Was regelt die Arbeitsstättenverordnung?
4. Wie breit muss ein Verkehrsweg für einen Elektro-Gabelhubwagen sein, wenn der Elektro-Gabelhubwagen 60 cm breit ist?
5. Nennen Sie drei mögliche Folgen einer hohen Lärmbelastung am Arbeitsplatz.
6. Wer vergibt das GS-Zeichen und was sagt es aus?
7. Welchem Zweck dient das Gesetz zum Schutz vor gefährlichen Stoffen (Chemikaliengesetz)?
8. Welches sind die Kernpunkte der Verordnung zum Schutz vor Gefahrstoffen (Gefahrstoffverordnung)?
9. Was ist eine Gefährdungsbeurteilung?
10. Wer erstellt die Gefährdungsbeurteilung?
11. Was sind Emissionen?
12. Was sind Immissionen?
13. Welchem Zweck dient das Wasserhaushaltsgesetz?

6 Feuergefahr und Diebstahlgefahr

Einstiegssituation: Brandschutz im Lager

Der Brandschutz ist ein wichtiges Thema bei der Errichtung eines neuen Lagers. Überlegen Sie, was bei der Errichtung eines neuen Lagers hinsichtlich eines wirksamen Brandschutzes zu beachten ist.

Brandschutz-Icons

Erarbeitungsaufgaben

[Einstieg]
[Erarbeitung]
[Training]
[Projekte]
[Lernsituation]

1. Welche drei Bedingungen müssen zusammentreffen, damit ein Feuer entstehen kann?

....

2. Wozu dient ein Flucht- und Rettungswegeplan? Kreuzen Sie an.

a) Der Vorbereitung eines Feuerwehreinsatzes. ☐
b) Der Selbstrettung von Beschäftigten und Besuchern eines Gebäudes. ☐
c) Der Orientierung über Fluchtmöglichkeiten schon vor Eintritt eines Gefahrenfalls. ☐
d) Der Festlegung der Reihenfolge der zu rettenden Personen. ☐

3. Entscheiden Sie, welcher Anforderung des vorbeugenden Brandschutzes die folgenden Maßnahmen zuzuordnen sind, indem Sie die entsprechende Ziffer hinter der Maßnahme eintragen.

Anforderungen des vorbeugenden Brandschutzes
1 Brände verhindern
2 Brandausbreitung verhindern
3 Brandmeldung sicherstellen
4 Flucht- und Rettungswege sicherstellen

Maßnahmen	
Einbau von ortsfesten Löschanlagen	☐
Erstellen von Flucht- und Rettungswegeplänen	☐
Reduzierung von Brandlasten	☐
Einbau von Brandmeldeanlagen	☐
Aussprechen von Rauchverboten	☐
Erstellen von Regeln für das Verhalten im Brandfall	☐
Schaffung von Brandabschnitten	☐
Installation von öffentlichen Brandmeldern	☐

4. Für welche Brandklassen eignen sich sowohl Pulverlöscher als auch Schaumlöscher?

....

5. Zum technischen Brandschutz gehören sowohl Feuerwarnanlagen als auch Brandbekämpfungsgeräte und -anlagen. Im Suchrätsel sind 13 Begriffe dazu versteckt. Markieren Sie diese.

X	P	P	Y	M	W	H	H	V	D	Q	U	B	K	A	N	L	E	U	W	W	P
D	T	Y	U	I	B	T	U	Q	X	S	S	E	Q	M	P	K	C	C	F	J	L
Ö	C	N	N	R	G	R	K	W	T	G	Ä	R	X	S	N	F	A	A	E	Q	Ö
A	V	I	B	H	D	D	M	F	B	T	X	I	T	I	D	H	L	S	U	Y	S
Q	M	G	Y	Ä	S	W	Ä	R	M	E	M	E	L	D	E	R	N	P	E	D	C
A	H	A	N	D	F	E	U	E	R	L	Ö	S	C	H	E	R	A	R	R	P	H
F	E	U	E	R	M	E	L	D	E	R	Q	E	R	H	M	D	D	I	P	T	D
V	G	U	D	Q	K	O	A	K	X	K	D	L	B	M	E	L	I	N	A	H	E
J	R	K	M	C	R	H	O	V	A	U	M	U	T	D	W	P	X	K	T	E	C
P	U	L	V	E	R	L	Ö	S	C	H	A	N	L	A	G	E	O	L	S	R	K
Ä	F	U	W	M	G	R	J	Ö	F	B	M	G	T	U	T	P	I	E	C	M	E
I	I	X	Z	Ö	M	R	P	Y	H	P	T	S	E	T	P	S	D	R	H	O	J
R	A	U	C	H	M	E	L	D	E	R	W	A	R	Y	O	N	N	A	E	M	L
S	C	H	A	U	M	L	Ö	S	C	H	A	N	L	A	G	E	E	N	L	E	G
S	J	S	T	R	A	H	L	E	N	M	E	L	D	E	R	V	L	L	N	L	O
R	H	Y	Z	W	A	G	E	H	Ä	C	C	A	E	N	Q	F	H	A	F	D	G
C	Z	S	T	J	R	Z	A	P	U	Z	D	G	W	Y	B	Q	O	G	P	E	K
Ö	E	Y	P	Z	K	M	Q	Ä	F	X	M	E	D	H	D	Q	K	E	Ä	R	T

[Einstieg]
[Erarbeitung]
[Training]
[Projekte]
[Lernsituation]

6. Feuerwarnanlagen werden auf unterschiedliche Weise ausgelöst. Ordnen Sie den Auslösern die entsprechende Feuerwarnanlage zu, indem Sie die entsprechende Ziffer hinter dem Auslöser eintragen.

Feuerwarnanlagen
1 Rauchmelder
2 Wärmemelder
3 Flammenmelder
4 Feuermelder

Auslösung durch ...	
Einschlagen der dünnen Frontscheibe und Drücken des Alarmknopfes	☐
Temperaturerhöhung innerhalb einer bestimmten Zeiteinheit	☐
Ablenkung oder Streuung eines Lichtstrahls durch sichtbaren Rauch	☐
unregelmäßige Flackerfrequenzen einer Flamme	☐

7. Welche Maßnahmen sollten für den Gefahrfall in einem Betrieb getroffen werden? Kreuzen Sie an.

a) Aufstellen eines Alarmplanes ☐
b) Abschluss einer Haftpflichtversicherung ☐
c) Installation einer Alarmierungsanlage ☐
d) Festlegen und kennzeichnen von Sammelplätzen ☐

8. Wofür stehen die 5 W bei der Meldung eines Brandes?

....

....

....

....

....

9. Um welche Diebstahlarten handelt es sich in den folgenden Beispielen?

a) Maria zerreißt beim Kommissionieren eine Tüte Bonbons. Daraufhin steckt sie die herausgefallenen Bonbons in die Tasche und eines davon gleich in den Mund.

....

b) Klaus-Dieter arbeitet als Fachlagerist bei der ALLMÖ GmbH und hat größere Geldsorgen. Vor Feierabend stellt er vier Paletten mit Elektrogeräten an den Außenzaun des Freilagers. In der Nacht kommt er mit zwei Freunden und einem kleinen Lkw an den Zaun gefahren und lädt, nachdem er den Zaun mit einer Drahtschere zerschnitten hat, die Paletten auf.

....

c) Fabian arbeitet im Lager eines Buchgroßhändlers. Seine Freundin hat am kommenden Samstag Geburtstag und wünscht sich ein Hörbuch aus der Harry-Potter-Reihe. Da Fabian momentan etwas knapp bei Kasse ist, beschließt er, nach Feierabend das Hörbuch einfach heimlich mitgehen zu lassen.

....

[Einstieg]
[Erarbeitung]
[Training]
[Projekte]
[Lernsituation]

d) Patrick arbeitet bei einer Spedition. Dort muss er meist Container beladen, die dann von der FLEXI-Transporte und Logistikdienstleistungen KG abgeholt werden. Mit einem der Fahrer ist er sehr gut befreundet. Patrick muss nun einen Container mit den neuesten Handy-Modellen beladen. Kurzerhand stellt er eine Palette mehr in den Container als in den Frachtpapieren vermerkt sind. Patricks Freund holt den Container ab. Er macht einen Zwischenstopp bei sich zu Hause und lagert die überzählige Palette in seiner Garage ein.

....

e) Claudia ist Bürokauffrau bei der Speedbike GmbH & Co. KG. Nach Feierabend nimmt sie, ohne den Chef zu fragen, einen Pack Kopierpapier mit nach Hause.

....

10. Nennen Sie je drei Folgen eines Diebstahls für den Täter und für das geschädigte Unternehmen.

Täter: ....

....

....

Geschädigtes Unternehmen: ....

....

....

....

....

11. In der ALLMÖ GmbH werden auch hochwertige Produkte wie Uhren und elektronische Geräte gelagert. Zum Lager haben ausschließlich betriebseigene Personen Zugang. Das Lager ist nachts durch eine Alarmanlage gesichert. Der Lagerleiter möchte weder Videoüberwachung noch Personenkontrollen bei den Mitarbeitern durchführen, da er Wert auf ein gutes Betriebsklima legt.
Welche anderen Maßnahmen können ergriffen werden, um Diebstähle aus dem Lager zu verhindern? Erläutern Sie zwei Möglichkeiten.

....

....

....

....

....

....

[Einstieg]
[Erarbeitung]
[Training]
[Projekte]
[Lernsituation]

Trainingsaufgaben

1. Welche Bedingungen müssen zusammentreffen, damit ein Feuer entsteht?
2. Nennen Sie drei Ursachen für Brände.
3. In welche zwei Bereiche wird der Brandschutz unterteilt?
4. Welche drei Bereiche gehören zum vorbeugenden Brandschutz?
5. Der technische Brandschutz wird in die Bereiche Vermeiden, Warnen und Löschen unterteilt. Nennen Sie zu allen drei Bereichen je ein Beispiel.
6. Nennen Sie drei Brandmeldeeinrichtungen.
7. Nennen Sie drei verschiedene Brandbekämpfungsanlagen.
8. Welche Gefahr ist mit einer Kohlendioxidanlage für den Menschen verbunden?
9. Nennen Sie die verschiedenen Brandklassen und erklären Sie, für welche brennenden Stoffe sie gelten.
10. Welches Löschmittel benötigen Sie, um brennendes Fett zu löschen?
11. Wie sollte ein Tropfbrand gelöscht werden?
12. Wie lautet die Reihenfolge der Maßnahmen zur Rettungs- und Brandbekämpfung?
13. Nennen Sie drei Maßnahmen, um Diebstählen im Lager vorzubeugen.

[Einstieg]
[Erarbeitung]
[Training]
[Projekte]
[Lernsituation]

Projekte und Aktionen

Erstellen Sie eine Präsentation über Ihren Ausbildungsbetrieb.

- Gehen Sie in Ihrer Präsentation auf die unten angegebenen Bearbeitungspunkte ein.
- Nutzen Sie Plakate, Fotos, Projektor-Folien oder die Tafel für Ihre Präsentation. Die Präsentation kann auch mit PowerPoint erstellt werden. Beachten Sie dabei, dass Sie bei Fotoaufnahmen im Ausbildungsbetrieb erst den Ausbilder um Erlaubnis fragen.
- Erstellen Sie eine Lagerskizze.
- Präsentieren Sie Ihr Arbeitsergebnis vor Ihrer Berufsschulklasse.

Bearbeitungspunkte, auf die Sie in Ihrer Präsentation eingehen sollen:

- Betriebsvorstellung: Name, Standort, Branche, Größe, Anzahl der Auszubildenden im Logistikbereich, ...
- Anzahl der Lager
- Zentrales oder dezentrales Lager
- Lagerbauweise
- Lagerart
- Aufgaben der Lagerhaltung in Ihrem Ausbildungsbetrieb
- Lagerzonen
- Art des Lagergutes/der Lagergüter
- Angewendete Lagertechnik (Bodenlagerung/Regallagerung)
- Vorhandene Lagereinrichtungen
- Einlagerungsgrundsätze
- Einlagerungssystem
- Wegstrategien
- Lagerplatznummernsystem
- Genutzte Packmittel (Ladungsträger)
- Genutzte Fördermittel für den Gütertransport im Lager

[Einstieg]
[Erarbeitung]
[Training]
[Projekte]
[Lernsituation]

Lernsituation 1: Güter einlagern

Situation

Die ALLMÖ GmbH führt im Herbst dieses Jahres wieder ihre jährliche Hausmesse durch, zu der alle Handelsvertreter und Kunden eingeladen sind. Als kleinen Willkommensgruß erhält jeder Besucher ein kleines Geschenkset. Dieses „Geschenkset Hausmesse" besteht aus folgenden Artikeln:

- ein Schokoriegel „Sport-Balance"
- ein 20-g-Teepäckchen „Wellness-Tee"
- eine Müslischale
- ein Schlüsselband mit der Werbeaufschrift „ALLMÖ GmbH"

Geschenkset

Das Geschenkset wird in Klarsichtfolie (300 mm x 300 mm) verpackt und mit einer roten Schleife zugebunden (300 mm lang, 1 cm breit). Die Bestandteile des Geschenksets werden von unterschiedlichen Herstellern und Lieferanten in großen Mengen geliefert. Unmittelbar nach der Warenannahme und -kontrolle werden aus den einzelnen Bestandteilen die Geschenksets zusammengestellt und anschließend eingelagert.

Arbeitsaufträge

1. Der Tee wird in Säcken zu je 25 kg geliefert. Wie viel Teepäckchen können daraus portioniert werden?

   ....

   ....

2. Wie viele Säcke Tee müssen für die Zusammenstellung der Geschenksets eingekauft werden, wenn 3000 Geschenksets benötigt werden?

   ....

   ....

3. Wie nennt man den Vorgang des Portionierens, d. h. des Abfüllens in kleine Päckchen, vor der Einlagerung?

   ....

   Welche Aufgabe übernimmt hier die Lagerhaltung?

   ....

4. Welche Vorteile ergeben sich aus dem Vorportionieren für die Lagerung und die spätere Entnahme?

   ....

   ....

   ....

   ....

[Einstieg]
[Erarbeitung]
[Training]
[Projekte]
[Lernsituation]

5. Worauf ist bei der Lagerung von Schokolade und Tee besonders zu achten und nach welchem Einlagerungsgrundsatz sollten sie eingelagert werden?

6. Drei Mitarbeiter/-innen stellen die Geschenksets an Packtischen zusammen. Die Bestandteile des Geschenksets sowie das notwendige Werkzeug sind an jedem Packtisch bereits vorhanden. Die benötigten Packmittel und Packhilfsmittel müssen jedoch noch aus dem Lager geholt werden.

   Wie nennt man den Vorgang des Zusammenstellens der Geschenksets?

   Aus welchem Lager werden die benötigten Packmittel und Packhilfsmittel geholt?

7. Wie viel Meter einer 1,50 m breiten Folie werden für die 3000 Geschenksets benötigt?

8. Auf einer Rolle Schleifenband befinden sich 10 m. Wie viele Rollen Schleifenband werden zum Verpacken der Geschenksets benötigt?

9. An einem Montag beginnen die drei Mitarbeiter mit dem Zusammenstellen der „Geschenksets Hausmesse“. Für ein Geschenkset benötigen sie durchschnittlich 2,4 Minuten. Die tägliche Arbeitszeit beträgt 7 Stunden. Wie viele Überstunden muss jeder Mitarbeiter in dieser Woche machen, wenn die Geschenksets bis Freitagabend zur Einlagerung bereitstehen sollen?

10. Die Geschenksets sollen vor der Einlagerung die Artikelnummer 7832 erhalten. Um eine fehlerhafte Eingabe und Verarbeitung der Artikelnummer in der EDV zu vermeiden, soll es sich hier um eine selbstprüfende Nummernkombination handeln, d. h., aus der Artikelnummer soll eine Prüfziffer berechnet werden, die als letzte Stelle an die Grundnummer angehängt wird.

Berechnen Sie nach dem Modul-11-Verfahren die Prüfziffer.

	Grundzahl					
①	Gewichtungsfaktor vergeben					
②	Produkt aus Grundzahlziffer und Gewichtungsfaktor					
③	Summe der ermittelten Zahlen aus ②					
④	Division des Ergebnisses aus ③ durch 11					
⑤	Differenz von 11 und der Restzahl aus ④					
⑥	Artikelnummer inkl. Prüfziffer					

11. Die in Klarsichtfolie verpackten Geschenksets werden in Wellpappekartons mit den Maßen 300 mm x 200 mm x 200 mm verpackt. In jeden Karton passen 10 Geschenksets. Anschließend werden die Kartons auf Euro-Flachpaletten gepackt. Jede Euro-Flachpalette darf inklusive Palette maximal 120 cm hoch werden.

Wie viele Kartons werden für das Verpacken der Geschenksets benötigt?

Wie viele Kartons passen auf eine Euro-Flachpalette, wenn die Kartons nicht gekippt werden sollen?

12. Am Samstagmorgen, dem 02. September 20.. um 10:00 Uhr werden die Euro-Flachpaletten im Palettenregallager eingelagert. Der Lagerort lautet: 02 05 03.

Um welche Art der Locationsvergabe handelt es sich hierbei?

....

Erläutern Sie den Aufbau der Locationsnummer.

....

13. Vervollständigen Sie den Einlagerungsschein für die Einlagerung einer Euro-Flachpalette an dem oben angegebenen Lagerort. Zur Information: Ein Geschenkset wiegt 250 g, das Leergewicht eines Kartons beträgt 1,1 kg und die Euro-Flachpalette hat ein Eigengewicht von 20 kg.

Nebenrechnungen:

....

....

....

....

Einlagerungsschein		
Art.-Nr.	Bezeichnung:	
Datum:	Uhrzeit:	Lagerort: ....
Lagerbehältnis: ☐ Gitterbox ☐ Europalette ☐ Collico ☐ Tablar		
Menge:	ME:	
Brutto:	Tara:	
Eingelagert von:		

Einlagerungsschein

14. Geschenksets, die auf der Hausmesse nicht benötigt werden, sollen in das Warensortiment aufgenommen werden. Welche weiteren Angaben (außer Artikelnummer und Lagerort) werden für die Erfassung im Warenwirtschaftssystem benötigt? Nennen Sie mindestens drei Angaben.

....

....

....

....

....

....

Lernsituation 2: Lager einrichten

Situation

Bei der ALLMÖ GmbH reichen seit einiger Zeit die Lagerkapazitäten nicht mehr aus. Dies betrifft insbesondere die Papierlagerung und die Lagerung der Büroartikel. Die Geschäftsleitung hat sich daher entschlossen, ein neues Lager an das bestehende Lager anzubauen (siehe Lageranbau-Skizze). Die Lagerung des Papiers und der sonstigen Büroartikel erfolgt größtenteils auf Europaletten.

Da die Auszubildenden Timo Lahm und Jennifer Gottschalk zurzeit in der Lagerverwaltung tätig sind, werden sie beauftragt, einen Vorschlag zu einer zweckmäßigen Regalausstattung des neuen Lagers zu erarbeiten, die entsprechenden Berechnungen vorzunehmen und die erforderliche Einrichtung (Regale) zu bestellen.

Lager einrichten

Zur Lösung der Aufgabe besorgen Timo und Jennifer sich verschiedene Informationen, u. a. die Richtlinien für Lagereinrichtungen und -geräte und den Katalog für Rationelle Büro- und Betriebseinrichtungen.

Material

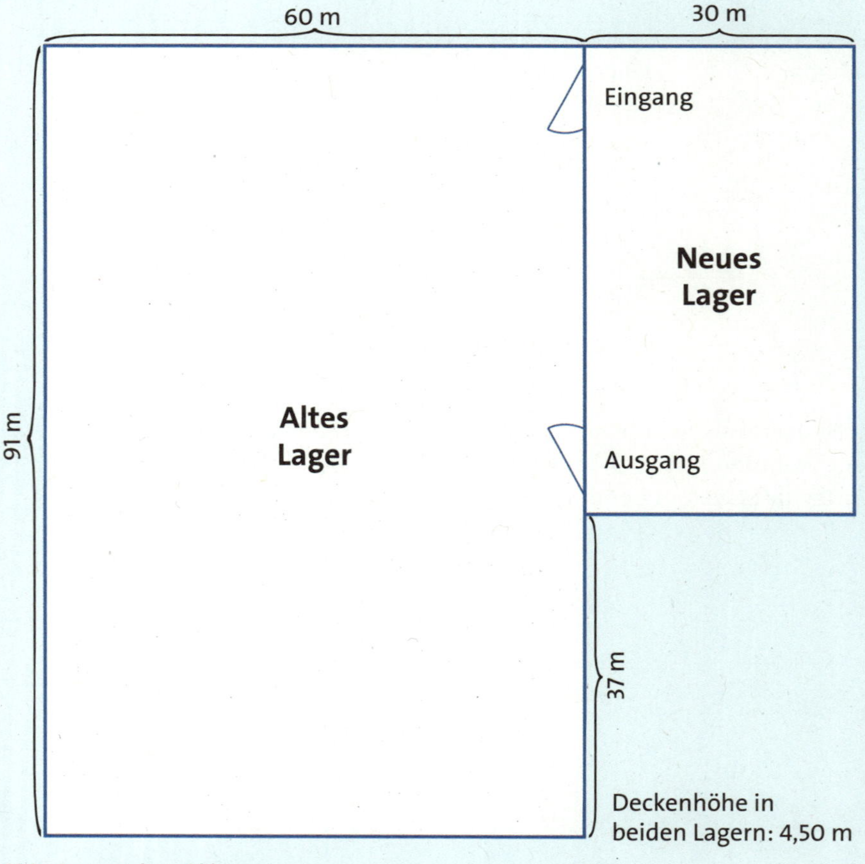

M 1 *Lageranbau-Skizze*

[Einstieg]
[Erarbeitung]
[Training]
[Projekte]
[Lernsituation]

Wichtige Hinweise für die Einrichtung des neuen Lagers

1. Das Regal für Langgut ist bereits in die Lagerskizze des neuen Lagers eingezeichnet worden. Das Regal hat eine Tiefe von 800 mm.
2. In dem neuen Lager soll im Bereich der Palettenlagerung für die Ein- und Auslagerung das Einbahnstraßensystem gelten.
3. Bei den Palettenregalen soll es sich um Doppelregale (zweiseitige Regale) handeln. Die Doppelregale sollen entsprechend den Vorschriften der DGUV Regel 108-007 mit Distanzstücken verbunden werden (2 Stück je Rahmen).
4. Es müssen alle weiteren Sicherheitsvorschriften der DGUV Regel 108-007 bezüglich der Lagereinrichtungen eingehalten werden (Anfahrschutz, Distanzstücke).
5. Die im Palettenlager eingelagerten Europaletten haben eine maximale Gesamthöhe von 1200 mm und ein maximales Gewicht von 1000 kg.
6. Die Europaletten sollen längs eingelagert werden.
7. Die Kommissionierfahrzeuge und Elektrostapler haben eine maximale Breite von 100 cm.
8. Die Breite der Verkehrswege (falls nicht in der Skizze angegeben) sind der DGUV Regel 108-007 zu entnehmen. Geben Sie auf die berechnete Breite der Verkehrswege noch einen Sicherheitszuschlag von 20 cm.

M 2 *Wichtige Hinweise*

Auszüge aus der DGUV Regel 108-007 – Lagereinrichtungen und -geräte

1 **Anwendungsbereich**

1.1 Diese DGUV Regel findet Anwendung auf Lagereinrichtungen und -geräte.

1.2 Diese DGUV Regel findet auf Lagereinrichtungen insoweit keine Anwendung, als im jeweiligen Landesbaurecht spezielle Regelungen enthalten sind.

2 **Begriffsbestimmungen**

Im Sinne dieser DGUV Regel werden folgende Begriffe bestimmt:

2.1 Lagereinrichtungen sind ortsfeste sowie verfahrbare Regale und Schränke.
Regale sind z. B. Fachbodenregale, Palettenregale, Kragarmregale, Durchlaufregale, Einfahrregale und mehrgeschossige Regaleinrichtungen.
Schränke sind z. B. Schränke mit Flügel-, Roll- oder Schiebetüren, Schränke mit Schubladen oder Auszügen, mehrgeschossige Schrankeinrichtungen und Schränke mit kraftbetriebenen Inneneinrichtungen.

2.2 Lagergeräte sind zur Wiederverwendung bestimmte Paletten mit oder ohne Stapelhilfsmittel sowie Stapelbehälter.
Paletten sind z. B. Flachpaletten aus Holz, Stahl, Kunststoff oder Leichtmetall.
Stapelbehälter sind Behälter, deren Aufbauten mit dem Unterbau fest verbunden sind, z. B. Box- und Gitterboxpaletten, Stapelwannen und Stapelkästen.

2.3 Stapelhilfsmittel sind zur Wiederverwendung bestimmte Hilfsmittel, die mit den Flachpaletten zu verbinden sind.
Dies sind z. B. Rahmen und Rungen, die aufgesetzt, auf- oder eingesteckt werden, sowie deren Verbindungen.

M 3 *Auszüge aus der DGUV Regel 108-007*

4 Bau und Ausrüstung

4.1 Gemeinsame Bestimmungen

4.1.1 Ausführung

Lagereinrichtungen und -geräte müssen so beschaffen und aufgestellt sein, dass sie bei bestimmungsgemäßer Verwendung die Last des Lagergutes sicher aufnehmen können. Ihre Stand- und Tragsicherheit muss den betrieblichen Beanspruchungen genügen und durch rechnerische Tragfähigkeitsnachweise für die tragenden Elemente oder durch Belastungsversuche nachgewiesen sein.

4.1.4 Verkehrswege, Gänge

4.1.4.1 Lagereinrichtungen und -geräte müssen so errichtet und aufgestellt sein, dass ausreichend bemessene Gänge vorhanden sind.

4.1.4.2 Verkehrswege für Fußgänger zwischen Lagereinrichtungen müssen mindestens 1,25 m breit sein.

4.1.4.3 Verkehrswege für Fußgänger zwischen Lagergeräten müssen mindestens 1,25 m breit sein.

4.1.4.4 Gänge, die nur für das Be- und Entladen von Hand bestimmt sind (Nebengänge), müssen mindestens 0,75 m breit sein.

4.1.4.5 Verkehrswege für kraftbetriebene oder spurgebundene Fördermittel müssen so breit sein, dass auf beiden Seiten der Fördermittel ein Sicherheitsabstand von mindestens 0,5 m gewährleistet ist. Bei der Bemessung ist auch der Platzbedarf für Rangiervorgänge zu berücksichtigen. Auf den Sicherheitsabstand kann verzichtet werden, wenn der Zugang von Personen durch bauliche Maßnahmen verhindert ist.

Mit dem beidseitigen Sicherheitsabstand von 0,5 m sollen Personen geschützt werden, die sich gleichzeitig mit kraftbetriebenen oder schienengebundenen Fördermitteln im Bereich des Verkehrsweges aufhalten.

4.2 Besondere Bestimmungen für Lagereinrichtungen

4.2.4 Sicherungen gegen Herabfallen von Ladeeinheiten und Lagergut

4.2.4.1 Die nicht für die Be- und Entladung vorgesehenen Seiten von Regalen müssen gegen Herabfallen von Ladeeinheiten gesichert sein. Die Dimensionierung der Sicherungen muss den Abmessungen und Lasten der Ladeeinheiten entsprechen.

4.2.4.2 Bei Palettenlagerung müssen die Sicherungen gegen herabfallende Ladeeinheiten auch an den obersten Ablagen mindestens noch 0,5 m hoch sein.

4.2.4.3 Die Bereiche über Regaldurchgängen müssen sicher gegen das Herabfallen von Ladeeinheiten und gegen das Hindurchfallen von Lagergut ausgeführt sein.

4.2.4.4 Doppel-Regale, die von zwei Seiten mit nicht leitliniengeführten Fördermitteln beladen werden, müssen Durchschiebesicherungen haben, die bis zu einer Höhe von mindestens 150 mm wirksam sind.

4.2.5 Anfahrschutz
Ortsfeste Regale, die mit nicht leitliniengeführten Fördermitteln be- oder entladen werden, müssen an ihren Eckbereichen – auch an Durchfahrten – durch einen mindestens 0,3 m hohen, ausreichend dimensionierten, nicht mit dem Regal verbundenen und mit einer gelb-schwarzen Gefahrenkennzeichnung versehenen Anfahrschutz gesichert sein. Dies gilt nicht für die Innenseiten ortsfester Endregale bei verfahrbaren Einrichtungen.

M 3 *Auszüge aus der DGUV Regel 108-007 – Fortsetzung*

[Einstieg]
[Erarbeitung]
[Training]
[Projekte]
[Lernsituation]

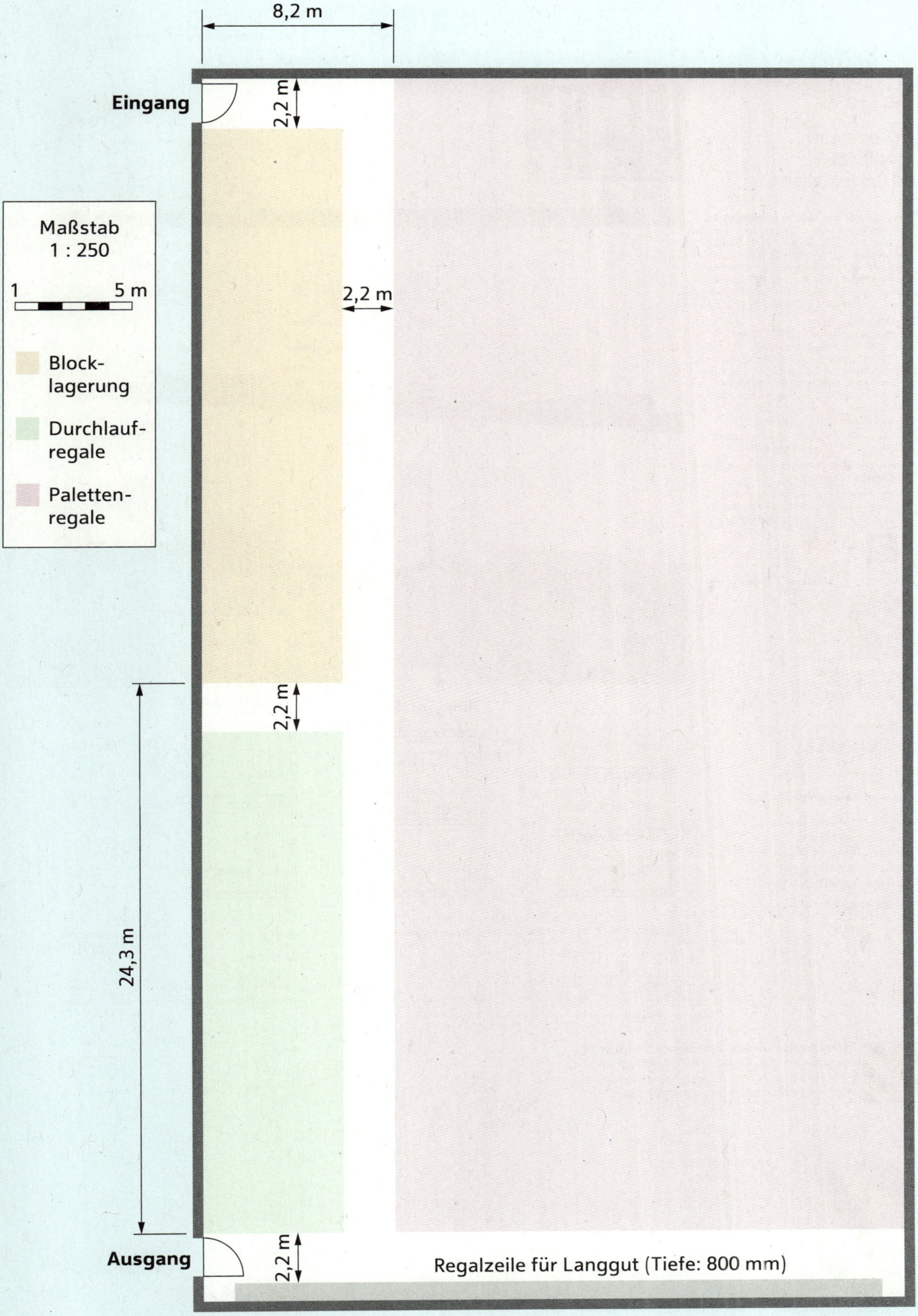

M4 *Skizze des neuen Lagers*

Paletten-Regale

im Stecksystem
Serie **B 120-P**
mit Einhängeträgern

Komplette Seiten- und End-Seitenrahmen unmontiert, mit glanzverzinkten C-Profilstützen 80/100 x 66 mm einschließlich Fußplatten, 2 Unterlegblechen und 4 Bodenanker pro Rahmen für eine solide Befestigung sowie Breiten- und Diagonalverbinder. Rahmen-Lochraster 50 mm. Betongüte C 20 / 25 nach DIN EN 206-1 / DIN 1045.

Einhängeträger
für die gängigsten Paletten-Größen 800 x 1200 mm und Paletten-Gewicht bis 1000 kg. Kastenförmige, kaltverformte, **pulverbeschichtete** Einhängeträger mit angeschweißten, 5 mm starken Hakenlaschen, im Raster von 50 mm höhenverstellbar. Kräftige **unverlierbare** Sicherungs-haken verhindern ein unbeabsichtigtes Ausheben.

Die maximalen Tragkraft-Angaben gelten bei einer Fachhöhe bis höchstens **1270** mm.

Andere Größen, Gewichte und bis 16 Meter Höhe bitte anfragen.

Für die Aufstellung von Regalen muss der Fußboden eben und von ausreichender Tragfähigkeit sein, Dübel sind beigefügt.

Alle Regalbauteile mit
Gütezeichen RAL-RG 614/2
und nach Euro-Richtlinie FEM 10. 02. 02

Blau unterlegte Artikel-Nr.:
SCHNELL
LIEFERUNG

Gesamt-Regal-Breite*
1. Regal
>lichte< Breite (Fachebene) **+ 120** mm,
jedes weitere Regal
>lichte< Breite (Fachebene) **+ 100** mm
Höhe Einhängeträger **120** mm
Gesamt-Regal-Tiefe + 50 mm

Einhängetrager enzianblau = RAL 5010

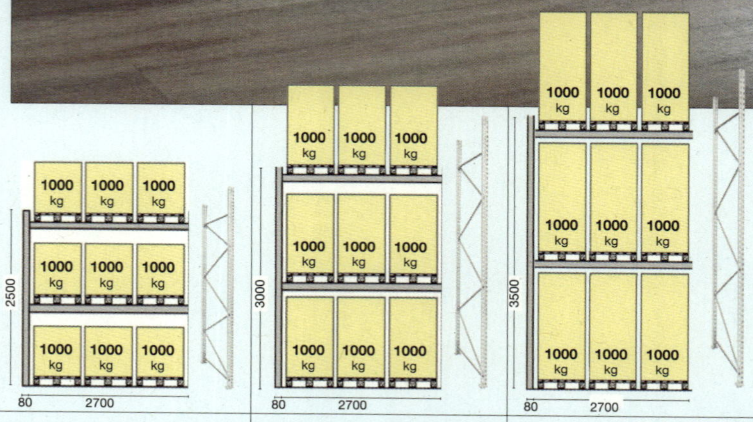

Tragkraft pro Fachebene	Tragkraft pro Regal max.	Fachebene >lichte*< (in mm) Breite* x Tiefe	Farbe der Einhängeträger	Regal 2500 mm hoch mit 2 Fachebenen	€	End-Seitenrahmen für den Abschluss bestellen	€	Regal 3000 mm hoch mit 2 Fachebenen	€	End-Seitenrahmen für den Abschluss bestellen	€	Regal 3500 mm hoch mit 2 Fachebenen	€	End-Seitenrahmen für den Abschluss bestellen	€	zusätzlicher Einhängeträger	€
3000 kg	6.000 kg	2700 x 800	5010	138.5367	306,80	138.2374	102,80	138.5369	324,20	138.2376	120,20	138.5371	342,10	138.2378	138,10	138.2404	51,—
		2700 x 1100	5010	138.5368	309,40	138.2375	105,40	138.5370	327,30	138.2377	123,30	138.5372	346,30	138.2379	142,30	138.2404	51,—

Zusammenbau von Seitenrahmen und End-Seitenrahmen erfolgt durch den Anwender

Sicherheitszubehör sowie alle Regalteile entsprechen den Unfallverhütungsvorschriften des Hauptverbandes der gewerblichen Berufsgenossenschaften nach **BGR 234.**

Frei stehende Eckbereiche müssen mit einem Anfahrschutz gesichert sein.

Anfahrschutz
L - Form
Höhe 400 mm
komplett mit Bodenanker

138.2095	€	40,70

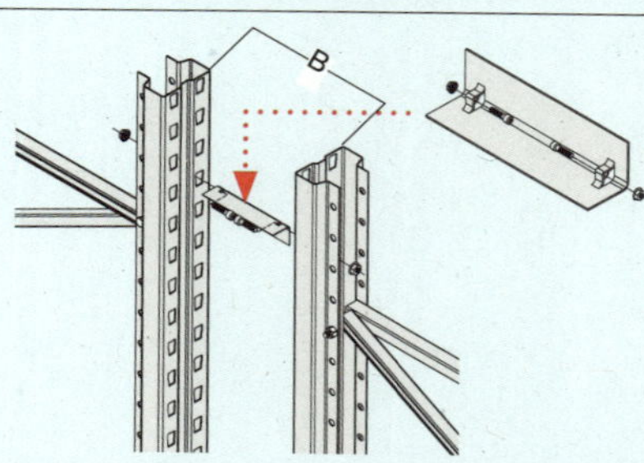

Distanzstück glanzverzinkt, für Doppelreihe, Breite 200 mm, inklusive Verschraubungsmaterial. Erforderlich bei unzureichender Bodenbefestigung oder wenn die Standsicherheit gefährdet ist.

138.2451	€	3,40

M 5 *Auszug aus dem RBB-Hauptkatalog: Rationelle Büro- und Betriebseinrichtungen*

[Einstieg]
[Erarbeitung]
[Training]
[Projekte]
[Lernsituation]

Arbeitsaufträge

1. Berechnen Sie die Fläche des alten und des neuen Lagerraumes. Um wie viel Prozent hat sich die Lagerfläche vergrößert?

   Fläche des alten Lagers:

   Fläche des neuen Lagers:

   Vergrößerung der Lagerfläche in Prozent:

2. Zu den Büroartikeln gehören auch Langgüter, z. B. Landkarten, Kartenständer, Papierrollen und Leinwände. Diese sollen an einer Außenwand im neuen Lager gelagert werden.

   Welche Lagereinrichtung eignet sich für die Lagerung dieser Güter?

3. Ein großer Lagerposten bildet das Kopierpapier. Die ALLMÖ GmbH beliefert im näheren Umkreis zwei Druckereien und mehrere Schulen. Das Papier wird in Kartons auf stapelbaren Europaletten gelagert (maximale Gesamthöhe 1,2 m) und palettenweise kommissioniert. Außerdem führt die ALLMÖ GmbH auch beim Kopierpapier ein großes Sortiment: unterschiedlich dickes Papier, verschiedene Farben, Papier mit Glanz oder ohne Glanz usw. Für die Lagerung des Papiers eignet sich die Bodenlagerung in Form einer gestapelten Blocklagerung.

   a) Berechnen Sie die Anzahl an Europaletten, die im neuen Lager auf der dafür markierten Fläche gelagert werden können (Rechenweg angeben).

   b) Stellen Sie die Blocklagerung in Form einer Draufsicht in der Skizze M 4 für das neue Lager dar.

   c) Erklären Sie, um welchen Einlagerungsgrundsatz es sich bei der Blocklagerung handelt.

   d) Wie viele verschiedene Sorten Papier können bei der Blocklagerung gelagert werden, wenn man auf jede Sorte einen direkten Zugriff haben möchte?

[Einstieg]
[Erarbeitung]
[Training]
[Projekte]
[Lernsituation]

4. Ein Teil der übrigen Büroartikel soll in Durchlaufregalen gelagert werden. Hierbei handelt es sich z. B. um Stifte, Locher, Hefter, Radiergummi, Lineale, die auch einzeln kommissioniert werden.

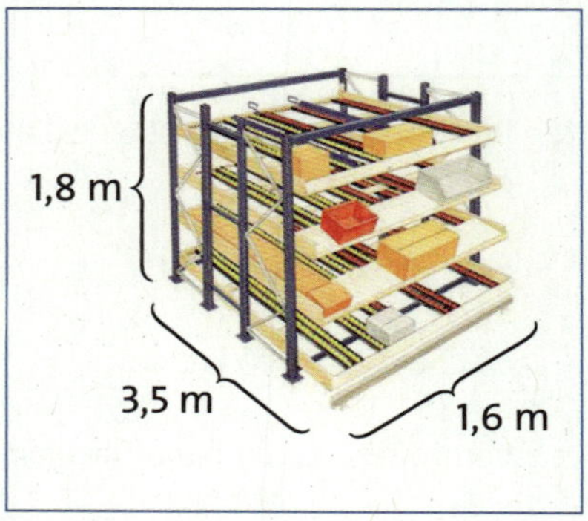

Durchlaufregal

a) Berechnen Sie, wie viele Regalfelder Sie für das Durchlaufregal im neuen Lager auf der dafür markierten Fläche aneinander bauen können. Berücksichtigen Sie bei Ihren Berechnungen die Angaben aus dem Auszug aus dem Lagerkatalog. Die Berechnungen sind schriftlich wiederzugeben.

....

....

....

....

b) Zeichnen Sie die Durchlaufregale in Form einer Draufsicht in die Skizze für das neue Lager ein.

c) Markieren Sie in der Lagerskizze die Beschickungs- und Kommissionierzone.

d) Erklären Sie, um welchen Einlagerungsgrundsatz es sich bei der Lagerung in einem Durchlaufregal handelt.

....

....

5. Die übrigen Büroartikel sollen auf Europaletten in doppelseitigen Längstraversenregalen gelagert werden. Diese Artikel werden nur als komplette Verpackungseinheit (Karton) kommissioniert.

a) Berechnen Sie, wie viele Regalfelder Sie aneinanderbauen können und wie viele doppelseitige Regale Sie in dem neuen Lager auf der dafür markierten Fläche aufstellen können. Berücksichtigen Sie bei Ihren Berechnungen die Hinweise für die Einrichtung des neuen Lagers, die DGUV Regel 108-007 und die Auszüge aus dem Lagerkatalog der RBB Bremen.

Berechnung der Breite der Verkehrswege:

....

....

....

....

Berechnung der Anzahl der Regalfelder:

....

....

....

....

[Einstieg]
[Erarbeitung]
[Training]
[Projekte]
[Lernsituation]

Berechnung der Anzahl der doppelseitigen Regale:

b) Berechnen Sie, wie viele Regale Sie für die neue Lagereinrichtung bestellen müssen.

c) Zeichnen Sie die Regale in Form einer Draufsicht in die Lagerskizze auf der dafür markierten Fläche ein.

d) Markieren Sie in der Lagerskizze für das Palettenlager die Fahrtrichtung bzw. Fahrtrichtungen mit Pfeilen. Berücksichtigen Sie, dass bei der Ein- und Auslagerung das Einbahnstraßensystem gelten soll.

6. Wie viele Europaletten können Sie maximal einlagern?

7. Vergeben Sie für das dritte Fach der zweiten Ebene der ersten Kommissionierzone eine Location nach dem dekadischen Prinzip und erklären Sie stichwortartig Ihren Locationsnummernaufbau.

8. Unterscheiden Sie die Begriffe „Fachlast“ und „Feldlast“.

9. Bestellen Sie bei der RBB GmbH & Co KG in 28307 Bremen, Heerenholz 12 – 14 die erforderlichen Palettenregale (Regale und Sicherheitszubehör). Verwenden Sie hierfür den Bestellvordruck. Sie wünschen die Lieferung frei Haus in 30 Tagen per Lkw. Außerdem gelten die üblichen Zahlungsbedingungen (30 Tage rein netto, 3 % Skonto binnen 10 Tagen).

ALLMÖ GmbH Lebensmittel und mehr!

ALLMÖ GmbH • Evesham-Allee 4 • 34212 Melsungen

Evesham-Allee 4 • 34212 Melsungen
Tel.: 05661 925-00 • Fax: 05661 925-13

E-Mail: info@allmoe-wvd.de
Internet: allmoe-wvd.de

Kunden-Nr.:	
Bestellung Nr.:	
Bestelldatum:	
Besteller:	
Versandart:	

Lieferbedingungen

Zahlungsbedingungen

Bestellung

Menge	Einheit	Artikelnummer/Artikelbezeichnung	Nettopreis je Einheit (€)	USt-Satz	Gesamt-Nettopreis (€)

Gesamt, netto	
USt 7,0 %	
USt 19,0 %	
Versandkosten	
Sonstiges	
Rechnungsbetrag	

1. Rechnung bitte in zweifacher Ausfertigung
2. Die oben angeführten Preise, Zahlungs- und Lieferbedingungen und sonstigen Angaben sind verbindlich.
3. Bitte verständigen Sie uns umgehend, falls der Auftrag nicht wie angegeben erledigt werden kann.

Datum, Unterschrift

Bankverbindung: Kreissparkasse Schwalm-Eder
Konto: 2 109 079 • BLZ: 520 521 54
BIC: HELADEF1MEG • IBAN: DE19 5205 2154 0002 1090 79

Geschäftsführer: Manfred Schwarz
Amtsgericht Melsungen, HRB 10345
USt-IdNr. DE 176 993 986

Bestellschein der ALLMÖ GmbH

Lernfeld 3
Güter bearbeiten

1 Gelagerte Güter bearbeiten, pflegen und kontrollieren

Einstiegssituation: Nützliche Hilfsmittel der Güterbearbeitung

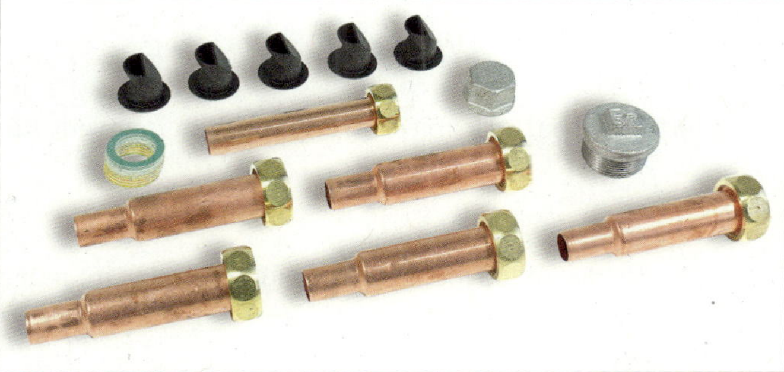

Zubehör für Solaranlagen

Die FLEXI-Transporte und Logistikdienstleistungen KG hat für einen Hersteller von Solaranlagen die Kommissionierung des Zubehörs übernommen. Für einen Auftrag sollen je 42 Kombitüllen, Dichtringe und passende Dichtkappen kommissioniert werden. Die Zubehörteile sollen zusammen mit einer Montageanleitung in einen Kunststoffbeutel verpackt und etikettiert werden. Insgesamt werden für diesen Auftrag 150 solcher Sets benötigt.

Karola Hansen hat vor einer Stunde mit dem Auftrag begonnen. Sechs fertige Sets liegen vor ihr. Karola ist jetzt schon genervt: Zunächst muss sie mit einem Filzstift ein Etikett beschriften und das Etikett sauber auf den Kunststoffbeutel kleben. Dann zählt sie die Einzelteile ab. Das dauert lange. Sie muss sich dabei sehr konzentrieren, damit sie sich nicht verzählt. Schließlich faltet sie die Montageanleitung, zwängt sie zu den anderen Teilen in den Beutel und verschließt diesen mit einem Klebestreifen.

1. Welche Hilfsmittel könnten Karola die Arbeit an dem beschriebenen Auftrag erleichtern?
2. Welche Hilfsmittel werden in Ihrem Ausbildungsbetrieb für die Güterbearbeitung eingesetzt?

Erarbeitungsaufgaben

1. Die ALLMÖ GmbH konnte günstig Schrauben erwerben.

   a) Die Schrauben wurden lose in Kartons angeliefert. Die palettierten Kartons wurden gestretcht und anschließend umreift. In jedem Karton befinden sich 150 000 Schauben. Vor der Einlagerung sollen die Schrauben in kundengerechte Packungsgrößen (1 Pack = 50 Schrauben) abgepackt werden. Beschreiben Sie detailliert, welche Arbeitsschritte dazu nötig sind.

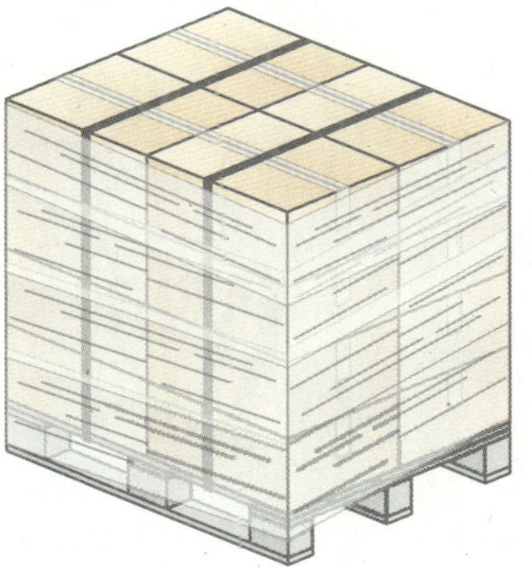

....

....

....

....

b) Mit welchem Arbeitsmittel können Sie sicher und kraftsparend die Umreifungsbänder und die Stretchfolie lösen?

c) Welches Arbeitsmittel kann Ihnen das Öffnen der Kartons erleichtern?

d) Sie müssen die Schrauben in 50er Packs abpacken. Welches Arbeitsmittel kann Ihnen die Arbeit erleichtern?

e) Die fertigen Schachteln mit je 50 Schrauben müssen etikettiert werden. Welche Arbeitsmittel verwenden Sie?

2. Benennen Sie die abgebildeten Zähl- und Wiegeeinrichtungen.

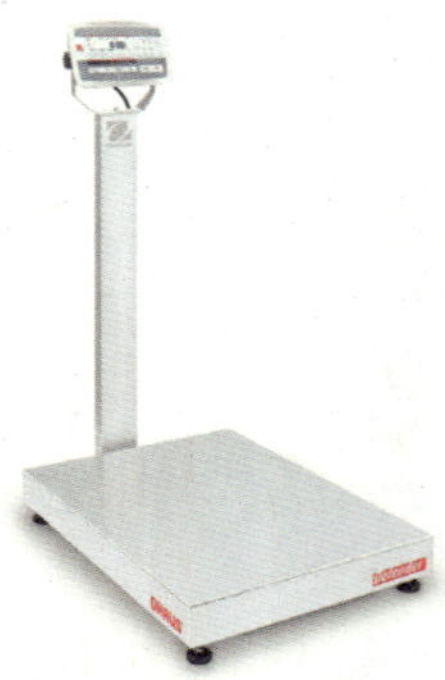

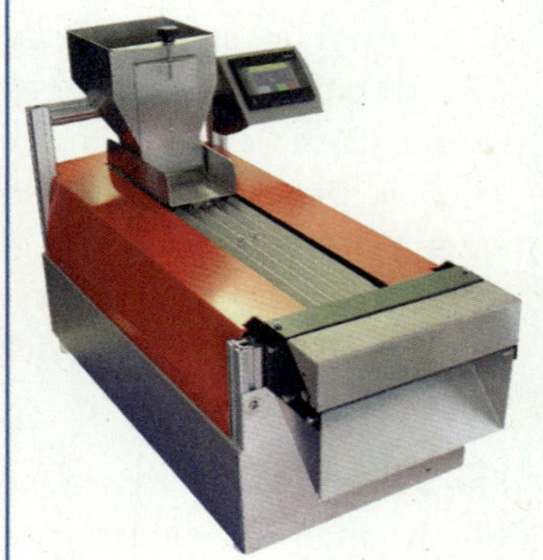

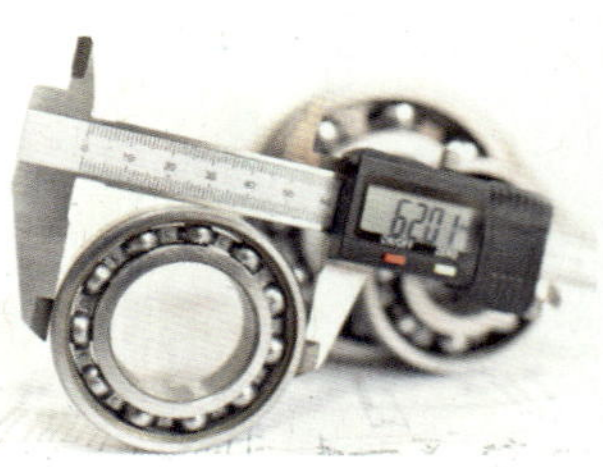

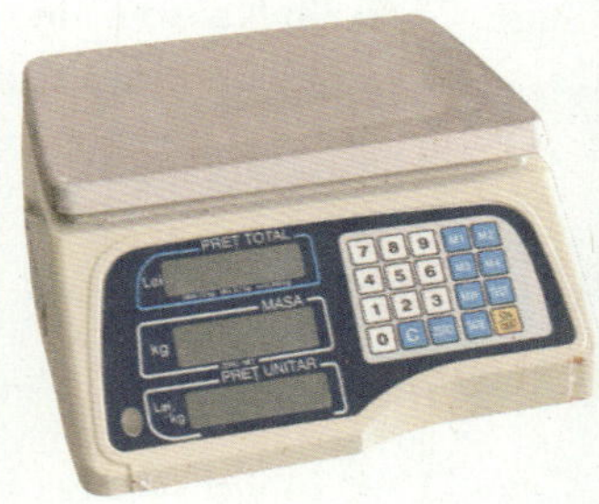

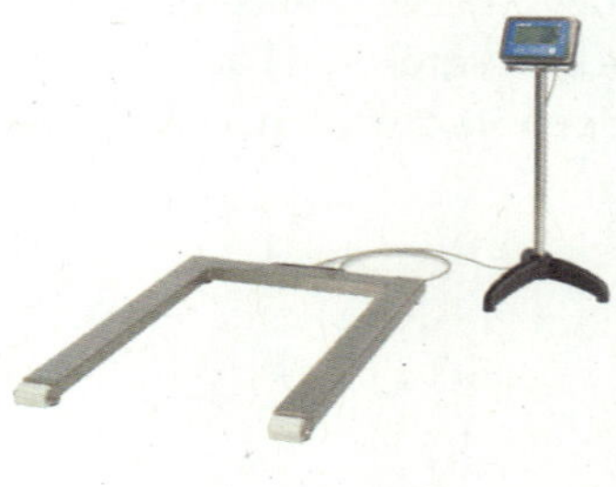

[Einstieg]
[Erarbeitung]
[Training]
[Projekte]
[Lernsituation]

3. Karola Hansen hat eine Zählwaage zur Verfügung. Wie muss sie vorgehen, wenn sie 42 Kombitüllen abfüllen möchte? Sie kann die Tüllen vor dem Eintüten in einen Becher aus Kunststoff füllen. Bringen Sie die Teilschritte mithilfe der Anleitung in die richtige Reihenfolge.

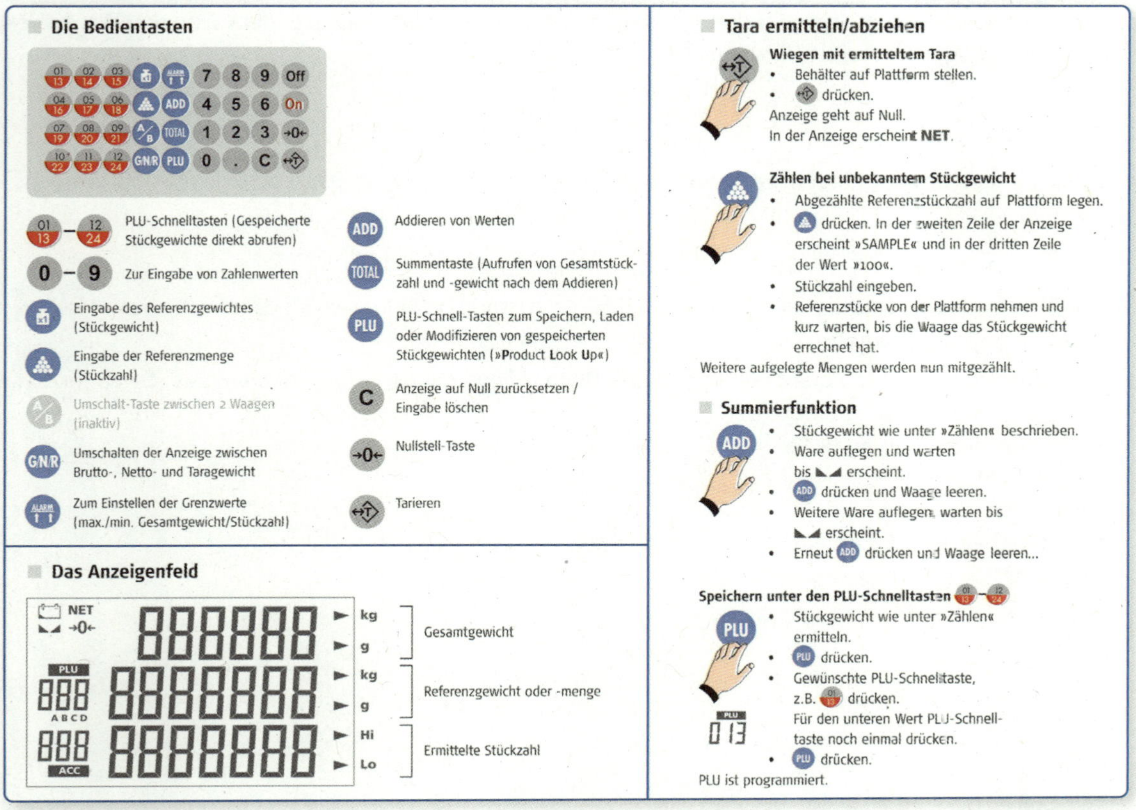

Anleitung der Zählwaage

a) „1" und „0" eingeben ☐

b) Tara-Taste drücken, in der Anzeige muss „NET" erscheinen ☐

c) Kunststoffbecher auf die Waage stellen ☐

d) Freie PLU-Schnelltaste drücken, um das Gewicht zu speichern, und noch einmal PLU drücken ☐

e) Weitere Tüllen in den Kunststoffbecher geben, bis die Waage „42" anzeigt ☐

f) Zehn Tüllen in den Kunststoffbecher legen ☐

g) Referenztaste drücken ☐

h) PLU-Taste drücken ☐

4. Entscheiden Sie, welche Hilfsmittel für die folgenden Tätigkeiten der Güterbearbeitung jeweils geeignet sind.

a) Für eine Messe soll loser Tee in 50-g-Beutel abgefüllt werden.

....

b) Die fertig abgefüllten Beutel sind mit Etiketten (Teebezeichnung, Bestandteile, Firmenadresse) zu versehen.

....

c) Die Daten der mit einem RFID-Transponder versehenen Paletten sollen am Warenausgang erfasst werden.

....

[Einstieg]
[Erarbeitung]
[Training]
[Projekte]
[Lernsituation]

d) Für die Kennzeichnung der Lagerplätze im Blocklager sollen die Flächen ausgemessen werden.

....

e) Im Lagerbereich wird mit vier Handgabelhubwagen kommissioniert. Bei besonders schwerer Ware ist es gelegentlich nötig, eine Palette zu wiegen.

....

f) 60 Kartons sollen mit selbstklebenden Warnetiketten mit dem Hinweis „zerbrechlich" beklebt werden.

....

5. Damit Güter in einem verkaufs- und verbrauchsfähigen Zustand bleiben, sind im Lager zahlreiche Maßnahmen der Warenpflege durchzuführen.

a) Ergänzen Sie die Liste zu den Maßnahmen der Warenpflege mit den Informationen aus dem Informationsband, Lernfeld 3, Kapitel 1.2.2.
Maßnahmen der Warenpflege:
- vor Feuchtigkeit/Nässe schützen
- vor Staub schützen
- Mindesthaltbarkeit-, Ablauf- bzw. Verfalldatum kontrollieren
- Zusammenlagerungsverbote beachten

....

....

....

....

....

....

....

b) Erklären Sie, welche Maßnahmen der Warenpflege bei den abgebildeten Waren durchzuführen sind.

Waren	Maßnahmen der Warenpflege
	Kartoffeln ....
	Weinflaschen ....

Waren	Maßnahmen der Warenpflege
	Zigarren
	Schachteln
	Äpfel
	Fahrradritzel
	Mehl
	Blumen
	Käse
	Bücher

Waren	Maßnahmen der Warenpflege
	Leiterplatten/Platinen
	Kaminholz
	Joghurt
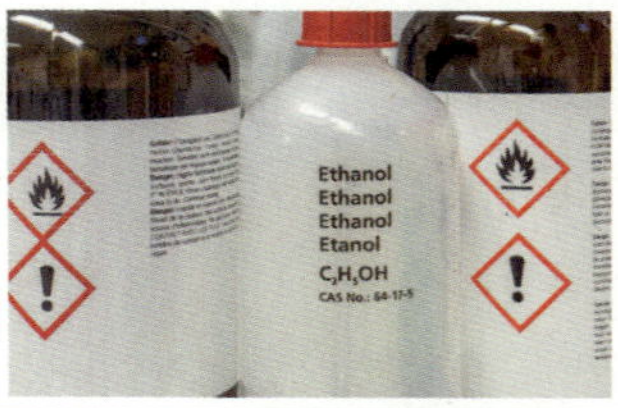	Ethanol/Brennspiritus
	Pullover
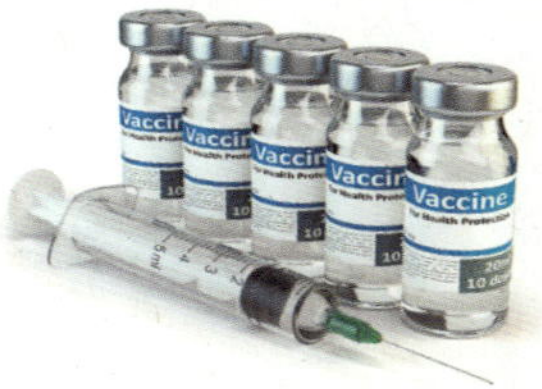	Medikamente/Impfstoff
	Schokolade

Trainingsaufgaben

1. Nennen Sie eine Wiegeeinrichtung für hängende Lasten.
2. Was unterscheidet eine Gabelwaage von einer Gabelhubwaage?
3. Was bewirkt die Tara-Taste einer Waage?
4. Wozu benötigt man die Referenztaste einer Zählwaage?
5. Nennen Sie zwei Hilfsmittel, um das Gewicht von Paletten zu bestimmen.
6. Nennen Sie zwei Vorteile eines Ultraschall-Entfernungsmessers gegenüber einem Maßband oder einem Zollstock.
7. Nennen Sie zwei Hilfsmittel zum Lesen von Barcode-Etiketten.
8. Nennen Sie zwei Hilfsmittel zur Preisauszeichnung.
9. Durch welche Maßnahmen kann die Ware vor Schädlingsbefall geschützt werden? Nennen Sie drei Maßnahmen.
10. Nennen Sie drei Maßnahmen der Warenpflege.
11. Erklären Sie den Unterschied zwischen MHD und Verbrauchsdatum.
12. Begründen Sie, ob Lebensmittel, die das MHD überschritten haben, noch verkauft werden dürfen oder nicht.

2 Zuständigkeiten beim Arbeitsschutz

Einstiegssituation: Übertriebener Arbeitsschutz?

Die ALLMÖ GmbH hat vor kurzem das neue Fleischwerk in Betrieb genommen. Heute dürfen sich die Auszubildenden der Logistik die Fleischverarbeitung anschauen. Timo Lahm und Maja Wiener kommen am Arbeitsplatz ihres Kollegen vorbei.

Maja: Der arme Volker: Haarnetz, Mundschutz und Handschuhe, da musst du abends erst mal die Haare waschen!

Timo: Ja, mit dem Arbeitsschutz werden sie immer pingeliger. Aber unser Sicherheitsbeauftragter muss ja auch was zu tun haben.

Maja: Mich hat er letztens angemeckert, weil ich vergessen hatte, mich auf dem Stapler anzugurten. Der ewige Mahner! Als ob ich mit dem Stapler 140 fahren würde.

Timo: Ich finde es auch übertrieben. Aber es hilft nichts, an dem Punkt wird uns auch der Betriebsrat nicht unterstützen. Die haben alle Respekt vor der Berufsgenossenschaft. Und wenn wirklich mal was passiert ...

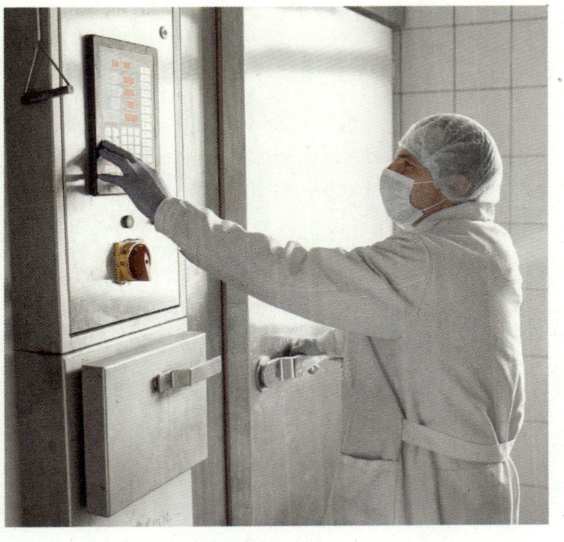

Haarnetz, Mundschutz und Handschuhe bei der Fleischverarbeitung

1. Welche drei Personen/Institutionen, die sich mit Arbeitsschutzmaßnahmen beschäftigen, werden im Text genannt?
2. Wer ist für die Einhaltung der Sicherheitsvorschriften verantwortlich?
3. Welche Aufgaben haben dabei Sicherheitsbeauftragte und die Berufsgenossenschaft?
4. Welche Sicherheitsvorschriften müssen Sie in Ihrem Ausbildungsbetrieb einhalten?

[Einstieg]
[Erarbeitung]
[Training]
[Projekte]
[Lernsituation]

Erarbeitungsaufgaben

1. Ergänzen Sie die folgende Tabelle.

Institution	Rechtsgrundlage	Qualifikation
Fachkraft für Arbeitssicherheit		
		Zuständige in den Abteilungen, die sich im Thema Arbeitssicherheit aufgrund von Interesse und durch Schulungen der Berufsgenossenschaft auskennen.
	Betriebsverfassungsgesetz	Keine Qualifikation vorgeschrieben, freiwillige Fortbildung bei Interesse.

2. a) Welche Verantwortung haben die Beschäftigten selbst im Zusammenhang mit dem Arbeitsschutz?

....

....

b) Nennen Sie zwei mögliche Folgen eines Verstoßes gegen die Arbeitsschutzvorschriften durch Beschäftigte.

....

....

3. Für wen treffen die folgenden Aussagen zu? Tragen Sie für den Unternehmer ein [U] ein, für den Betriebsarzt ein [A], für die Fachkraft für Arbeitssicherheit ein [F], für den Sicherheitsbeauftragten ein [S] und für den Betriebsrat ein [B].

a) Er führt regelmäßig Betriebsbegehungen durch und prüft technische Einrichtungen des Arbeitsschutzes. [ ]
b) Er stellt den Gesundheitszustand neu eingestellter Mitarbeiter fest. [ ]
c) Er setzt sich bei seinen Kollegen für die Einhaltung der Arbeitsschutzvorschriften ein. [ ]
d) Er ist für Unternehmen mit mehr als 20 Mitarbeitern vorgeschrieben. [ ]
e) Ein neues Fördersystem soll angeschafft werden. Er muss vorher angehört werden. [ ]
f) Er untersucht die Ursachen arbeitsbedingter Erkrankungen. [ ]
g) Diese beiden Einrichtungen können Maßnahmen zur Verbesserung des Arbeitsschutzes vorschlagen, aber nicht durchsetzen. [ ]
h) Er beauftragt die Fachkraft für Arbeitssicherheit schriftlich. [ ]

4. In dem folgenden Text sind vier falsche Aussagen versteckt. Finden Sie heraus, welche es sind, und korrigieren Sie die Fehler in Ihrem Arbeitsheft.

> Die Berufsgenossenschaft muss in Betrieben mit mehr als 20 Arbeitnehmern einen Arbeitsschutzausschuss einrichten. In diesem Ausschuss sind vertreten: Der Betriebsarzt, die Fachkraft für Arbeitssicherheit, die Sicherheitsbeauftragten der Abteilungen und alle Betriebsratsmitglieder. Der Ausschuss berät über alle Anliegen des Arbeits- und Gesundheitsschutzes im Unternehmen. Er tritt einmal pro Halbjahr zusammen. An diesen Sitzungen darf der Unternehmer nicht teilnehmen.

[Einstieg]
[Erarbeitung]
[Training]
[Projekte]
[Lernsituation]

Trainingsaufgaben

1. Wer ist für die Arbeitssicherheit im Unternehmen in erster Linie verantwortlich?
2. Wer ist für den technischen Arbeitsschutz im Betrieb neben dem Unternehmer hauptsächlich verantwortlich?
3. Nennen Sie zwei Aufgaben eines Sicherheitsbeauftragten.
4. Unterscheiden Sie die Fachkraft für Arbeitssicherheit und den Sicherheitsbeauftragten hinsichtlich der Verantwortlichkeit.
5. Welche Verpflichtungen haben die Beschäftigten selbst im Zusammenhang mit dem Arbeitsschutz?
6. Für welche Unternehmen ist es vorgeschrieben, Sicherheitsbeauftragte zu bestellen?
7. Wie setzt sich der Arbeitsschutzausschuss zusammen?
8. Nennen Sie zwei Aufgaben des Betriebsrats in Bezug auf den Arbeitsschutz.
9. Welche Folgen kann es für einen Beschäftigten haben, wenn er gegen die Sicherheitsvorschriften verstößt?

3 Vorschriften zur Abfallentsorgung

Einstiegssituation: Abfalltrennung

Mittagspause in der FLEXI-Transporte und Logistikdienstleistungen KG: Carsten, Karola und Jens haben sich heute Pommes und Currywurst gegönnt. Ihre Abfälle haben sie im Restmüllbehälter entsorgt.

Kurz vor dem Feierabend kommt der Vorarbeiter vorbei: „Was ist denn das für eine Müllhalde? Ihr habt wohl zu viel Geld?“

Jens ist empört: „Wieso, wir haben doch alles vorschriftsmäßig entsorgt.“ Auch Carsten und Karola verstehen die Aufregung nicht so ganz. Der Müll wird doch am Ende sowieso zusammengekippt und verbrannt. Hauptsache, sie lassen ihn nicht in der Gegend herumliegen.

Abfall nach der Mittagspause

1. Welche Vorschläge haben Sie bezüglich der Entsorgung der dargestellten Abfälle?
2. Tatsächlich werden in Deutschland fast 50 % aller Hausmüllabfälle recycelt. Erläutern Sie, wie Sie dazu beitragen können, diese Quote zu erhöhen.
3. Welche Vorschriften bestehen in Ihrem Ausbildungsbetrieb bezüglich der Mülltrennung?

Erarbeitungsaufgaben

1. Ergänzen Sie den folgenden Lückentext. Die einzutragenden Begriffe sind:

- registrieren
- Kühlschränke
- Herstellern
- Recyclingverfahren
- kommunale Sammelstelle
- Recyclinganlagen
- Verbraucher
- Sonderabfall
- Computerteile
- Datenbank
- Elektrogeräte
- zerlegt
- Edelmetalle
- Wertstoffe
- Verkaufsstelle

Ziel des *Elektro- und Elektronikgerätegesetzes* ist es, nicht mehr verwendete .... einzusammeln und die in den Geräten enthaltenen .... zu recyceln. Erfasst werden Elektrogroßgeräte wie zum Beispiel ...., Elektrokleingeräte wie Rasierapparate und .... Die .... können Kleingeräte bei

[Einstieg]
[Erarbeitung]
[Training]
[Projekte]
[Lernsituation]

einer .... oder einer .... abgeben. Die Altgeräte werden in darauf spezialisierten Betrieben .... Die in den getrennten Materialien enthaltenen Wertstoffe können dann in .... zurückgewonnen werden. So können mit modernen .... 95 % der in Computern enthaltenen .... zurückgewonnen werden. Die schadstoffhaltigen Bestandteile werden als .... entsorgt. Bezahlt wird der Recyclingprozess von den .... Hersteller von Elektro- und Elektronikgeräten müssen sich dazu in einer .... der Stiftung Elektro-Altgeräte-Register (EAR) .... lassen.

2. Hersteller von Elektronikgeräten mit Batterien müssen die Batterien kennzeichnen und sich registrieren lassen. Die registrierten Nutzer brachten 2019 55905 t Batterien und Akkus in Verkehr, das sind 2,6 Milliarden Stück. Die aktuelle Sammelquote beträgt 55,2 %.

a) Berechnen Sie, wie viel Tonnen, wie viel Kilogramm und wie viel Stück Batterien 2019 **nicht** eingesammelt und damit nicht stofflich verwertet wurden.

....

....

....

b) Batterien sind gefährliche Abfälle. Nennen Sie zwei Gründe dafür.

....

....

....

....

3. Welche der folgenden Abfälle müssen Sie getrennt entsorgen? Kreuzen Sie an.

a) Metallkanister mit einem Rest von ca. 100 ml Altöl ☐
b) Putztücher mit Altölresten ☐
c) Restentleerte Plastikflasche Motoröl ☐
d) Kleiner Kanister mit Öl vom Ölwechsel ☐

4. Ein Kfz-Fachbetrieb hat in seiner Werkstatt ein Schild mit der nebenstehenden Abbildung hängen. Er möchte damit Mitarbeiter und Kunden daran erinnern, dass Altöl fachgerecht entsorgt werden muss, weil sonst Gefahren für die Umwelt entstehen. Auf welche Gefahr soll die Abbildung aufmerksam machen?

Warnung

....

....

....

....

[Einstieg]
[Erarbeitung]
[Training]
[Projekte]
[Lernsituation]

5. Welche der folgenden Aussagen sind richtig [R], welche falsch [F]?

a) Grundsätzlich müssen alle Verkaufsstellen von Motoröl Altöl zurücknehmen. ☐

b) Auch Altöle, die miteinander vermischt wurden, können recycelt werden. ☐

c) Die Verkaufsstelle muss das Altöl nur zurücknehmen, wenn der Kassenbon vorgelegt werden kann. ☐

d) Die Sammelstellen für Sonderabfälle bei den Kommunen nehmen Altöl kostenlos zurück. ☐

e) Die Sammelstellen für Sonderabfälle bei den Kommunen nehmen Altöl gegen eine geringe Gebühr zurück. ☐

f) Verschiedene Altöle dürfen nicht miteinander vermischt, sondern müssen getrennt gesammelt werden. ☐

6. a) Ergänzen Sie die fünf Stufen des Umgangs mit Abfällen laut Kreislaufwirtschaftsgesetz.

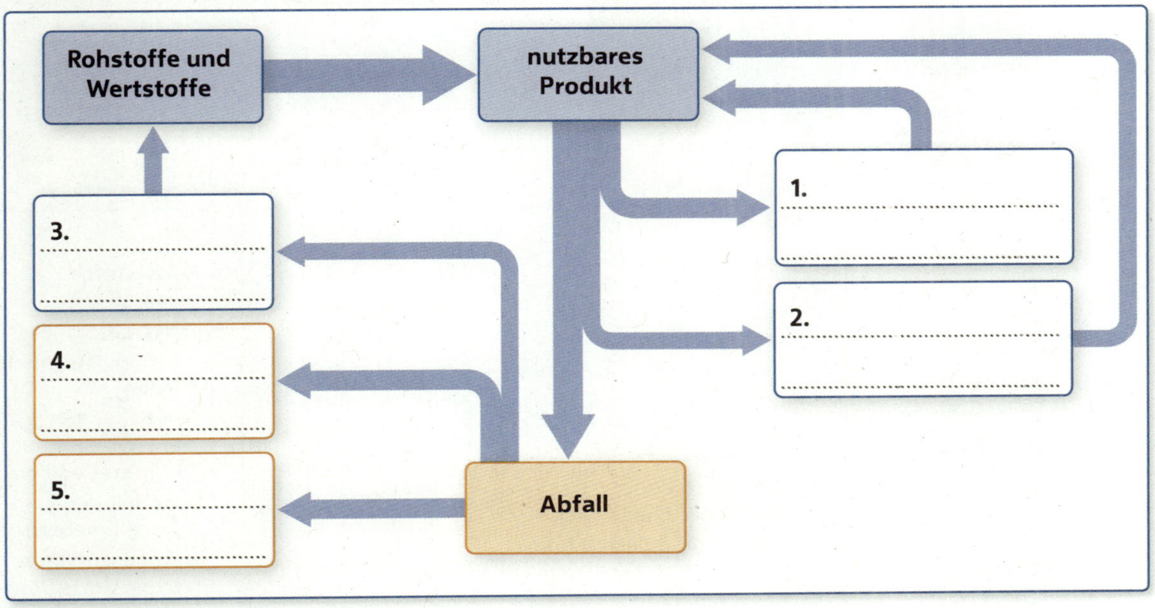

Kreislaufwirtschaft

b) Beschreiben Sie am Beispiel eines Sofas oder an einem Beispiel Ihrer Wahl vier Möglichkeiten, wie Hersteller und Verbraucher die Entstehung von Abfällen vermeiden können.

....

....

....

....

....

....

7. a) Das Kreislaufwirtschaftsgesetz wurde durch zahlreiche Verordnungen und Gesetze ergänzt. Diese sollen eine ressourcenschonende Produktion und die Rückgewinnung der verwendeten Rohstoffe sicherstellen. Nennen Sie drei Beispiele für solche Verordnungen und Gesetze.

....

....

b) Erklären Sie die folgenden Begriffe aus dem Kreislaufwirtschaftsgesetz mit eigenen Worten:

Vorbereitung zur Wiederverwendung: ....

....

....

Recycling: ....

....

8.

Restmüll

z. B.
- Windeln
- Hygieneartikel
- Asche
- Porzellan, Keramik
- Kehricht
- Staubsaugerbeutel
- Zigarettenfilter
- verschmutztes Papier
- Fotopapier
- Tapeten (abgerissene)
- Fensterglas
- Spiegelglas
- Lumpen (soweit unverwertbar)
- Ruß
- Lederreste
- Kleintierstreu (wenn nicht biologisch abbaubar)
- Glühbirnen

Bio-Abfall

z. B.
- Lebensmittelreste (in Zeitungspapier einwickeln; auch gekochte und verdorbene)*
- Kaffeefilter und Teebeutel
- Fruchtschalen, z. B. Bananen, Nüsse
- Knochen und Fischgräten*
- Kartoffel-/Eierschalen
- Milcherzeugnisse (ohne Becher)
- Fleischreste (in Zeitungspapier einwickeln)*
- Blumen (ohne Umtopf)
- Obst- und Gemüsereste
- Sägespäne (nur von unbehandeltem Holz)
- Gras- und Strauchschnitt
- Gartenpflanzen und Pflanzenteile
- Blumenerde
- Laub

* erlauben nicht alle Entsorger

Papier

z. B.

Papier
- Zeitungen
- Zeitschriften
- Schreibpapier
- Brötchentüten
- Briefumschläge
- Geschenkpapier
- Prospekte
- Illustrierte

Pappe/Kartonagen
- Tiefkühlkostschachteln
- Eierkartons
- Schuhkartons

Wertstoffe

z. B.

Kunststoffe
- Folien (Tragetaschen, Beutel, Frischhaltefolien)
- Behälter von Spül-, Wasch- und Körperpflegemitteln
- Joghurt- und Margarinebehälter
- aufgeschäumte Kunststoffe (Polystyrol, Styropor)
- Blister (Schutzverpackungen)

Metalle
- Konservendosen
- Getränkedosen
- Verschlüsse
- Alu-Schachteln
- Alu-Deckel
- Alu-Folien

Wertstoffe und Abfälle richtig trennen

[Einstieg]
[Erarbeitung]
[Training]
[Projekte]
[Lernsituation]

a) Wie können die verschiedenen Reststoffe entsorgt werden? Tragen Sie für die Restmülltonne ein [R] ein, für die Biotonne ein [B], für die Papiertonne ein [P] und für die Wertstofftonne ein [W]. Bei sonstigen Abfällen tragen Sie ein [S] ein.

(1)	Alte Prospekte	☐	(5)	Einkaufstüte aus Kunststoff	☐
(2)	PC-Tastatur	☐	(6)	Defektes Handy	☐
(3)	Defekte Leuchtstoffröhre	☐	(7)	Joghurtbecher	☐
(4)	Verbrauchte Blumenerde	☐	(8)	Dose mit einem Rest Lack, ca. 100 ml	☐

(9) Geschenkpapier ☐
(10) Angeschlagene Porzellantasse ☐
(11) Defekter Drucker ☐
(12) Leere Farbdose ☐
(13) Kunststoffflasche mit Rest Frostschutzmittel ☐
(14) Zigarettenasche ☐

b) Von den in a) genannten Beispielen sind sechs gesondert zu entsorgen. Wählen Sie vier dieser Reststoffe aus und beschreiben Sie, wohin Sie diese zur ordnungsgemäßen Entsorgung geben müssen.

9. Der deutsche Abfallberg: Wenn man den gesamten häuslichen Abfall eines Jahres in Deutschland auf einem Fußballfeld aufstapeln würde, dann wäre der Stapel fast 6 000 m hoch. Damit wäre er etwa so hoch wie der Kilimandscharo.

a) Sie erzeugen jede Woche ungefähr 10 kg häuslichen Abfall. Deutschland hat ca. 83 Millionen Einwohner. Berechnen Sie, wie viel Tonnen Abfall das in einer Woche und in einem Jahr ergeben.

b) Machen Sie drei Vorschläge, wie Sie in Ihrem privaten Umfeld selbst dazu beitragen können, diesen Müllberg zu reduzieren.

c) Nennen Sie drei Beispiele für Abfälle, die in Ihrem Ausbildungsbetrieb anfallen. Erklären Sie auch, in welchen Bereichen diese Abfälle anfallen.

d) Machen Sie drei Vorschläge, wie in Ihrem Ausbildungsbetrieb Müll vermieden werden kann bzw. wie die oben beschriebenen Abfallmengen reduziert werden können.

Trainingsaufgaben

1. Nennen Sie drei Gesetze und/oder Verordnungen, in denen die Abfallentsorgung geregelt ist.
2. Nennen Sie die fünf Stufen des Umgangs mit Abfällen laut Kreislaufwirtschaftsgesetz.
3. Nennen Sie zwei Aufgaben des Abfallbeauftragten.
4. Was versteht man unter „Recycling“?

[Einstieg]
[Erarbeitung]
[Training]
[Projekte]
[Lernsituation]

4 Lagerbuchhaltung und Inventur

Einstiegssituation: Inventurbestände ermitteln

Yusuf Korkmaz holt seinen Freund Marcel Fröhlich von der Arbeit ab. Marcel ist im zweiten Ausbildungsjahr bei der Schöner Wohnen GmbH.

Yusuf: Was, ihr macht wegen der Inventur zu? Das ist aber aufwendig. Bei uns läuft das immer mal zwischendurch, wenn wir Zeit haben.

Marcel: Wie soll das denn gehen? Wir sind seit Tagen beschäftigt: aufräumen, Kundenkommissionen aussortieren und vorzählen. Das geht nicht nebenher!

Yusuf: Ja, bei euch kommt wahrscheinlich viel mehr weg. Wir hatten im letzten Jahr nur 2 % Abweichung zwischen Soll-Bestand und Inventurbestand. Der Chef meint, das ist eine gute Quote.

1. Was ist eine Inventur und warum wird sie durchgeführt?
2. Vielleicht haben Sie selbst schon an einer Inventur teilgenommen. Schildern Sie den Ablauf einer Inventur.

Wegen Inventur geschlossen!

3. Erklären Sie den Unterschied zwischen Soll-Bestand und Inventurbestand.
4. Wodurch können Abweichungen zwischen diesen beiden Beständen entstehen?
5. Welche anderen Bestandsarten kennen Sie bereits?

Erarbeitungsaufgaben

1. Für welche Bestandsarten treffen die folgenden Aussagen jeweils zu? Ergänzen Sie die richtigen Begriffe.

Aussagen	Bestandsarten
a) Dieser Bestand schützt vor Lieferengpässen.	
b) Mindestbestand plus maximal mögliche Bestellmenge ergibt diesen Bestand.	
c) Bei Erreichen dieses Bestandes wird neue Ware bestellt.	
d) Bei der Berechnung dieses Bestandes werden der tägliche Verbrauch und die Lieferzeit berücksichtigt.	
e) Dieser Bestand wird häufig mit drei Tagesumsätzen kalkuliert.	
f) Bei einem unerwarteten Mehrverbrauch darf dieser Bestand nach Rücksprache mit dem Lagerleiter angegriffen werden.	
g) Dieser Bestand sagt aus, ob das Unternehmen liefern kann, da auch reservierte Mengen berücksichtigt sind.	
h) Dieser Bestand dient dazu, die Lieferzeit zu überbrücken.	

[Einstieg
[Erarbeitung]
[Training]
[Projekte]
[Lernsituation]

2. a) Ergänzen Sie die folgende Tabelle der Schöner Wohnen GmbH, indem Sie die fehlenden Größen berechnen.

Artikel	Tägl. Verbrauch	Beschaffungszeit	Meldebestand	Mindestbestand
Duschtasse „Lugano“	30	3		90
Waschbecken „Lugano“		5	450	200
Trennwand „Classic“	20		400	160
Armatur „Ocean“	45	8	495	

b) Die maximal mögliche Bestellmenge für die Duschtasse „Lugano“ beträgt 210 Stück. Berechnen Sie den Höchstbestand.

....

....

c) Der Höchstbestand für die Armatur „Ocean“ beträgt 900 Stück. Berechnen Sie die maximale Bestellmenge.

....

....

3. Die unten stehende Grafik zeigt die Bestandsveränderungen der Außenleuchte „Riviera“ im Monat März.

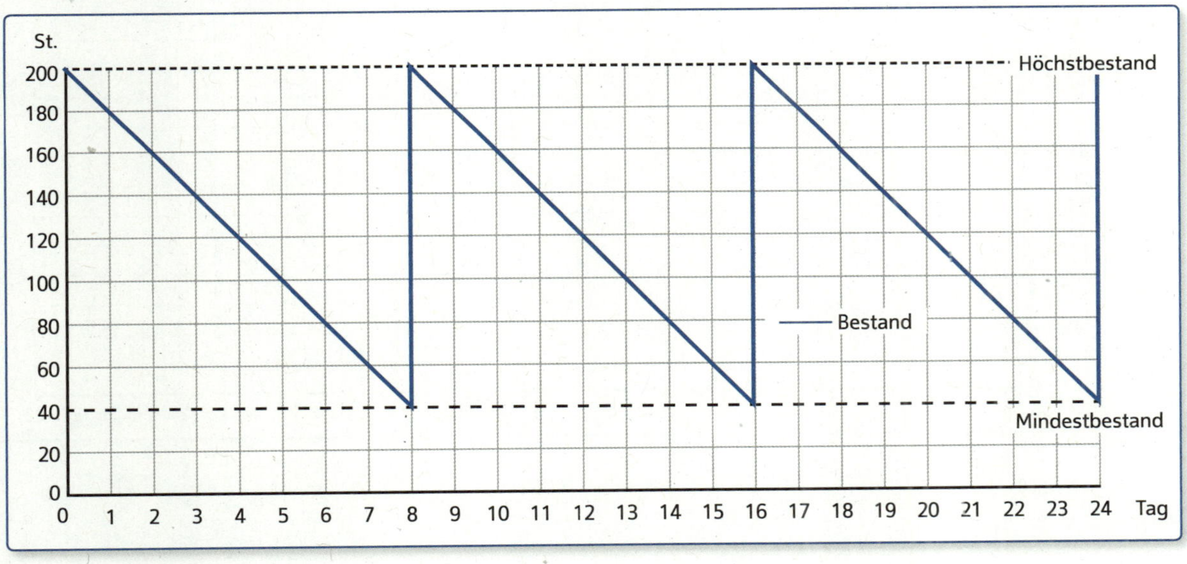

a) Ermitteln Sie den täglichen Verbrauch.

....

[Einstieg]
[Erarbeitung]
[Training]
[Projekte]
[Lernsituation]

b) Berechnen Sie den Meldebestand bei einer Beschaffungszeit von 5 Tagen und zeichnen Sie ihn in die Grafik ein.

c) An welchen Tagen muss jeweils bestellt werden?

d) Welche Menge wird jeweils bestellt?

4. In der Speedbike GmbH & Co KG bespricht Wolfgang Braun mit dem Einkaufsleiter Marek Kowalski die Produktionsplanung für die nächste Woche. Bei den Satteltaschen musste bereits mehrere Male der Mindestbestand angegriffen werden. Letzte Woche wäre die Montage beinahe zum Stillstand gekommen. Die Einkaufsabteilung geht von folgenden Daten für die Satteltasche „Speedy“ aus:

- Durchschnittlicher Tagesverbrauch 40 Stück
- Beschaffungsdauer 5 Tage
- Mindestbestand reicht für 3 Produktionstage
- Höchstbestand von 600 Stück darf nicht überschritten werden

a) Erstellen Sie ein Schaubild, in dem Bestellpunkt, Meldebestand, Mindestbestand, Höchstbestand, Bestelmenge und Verbrauch dargestellt sind. Stellen Sie 28 Tage dar.

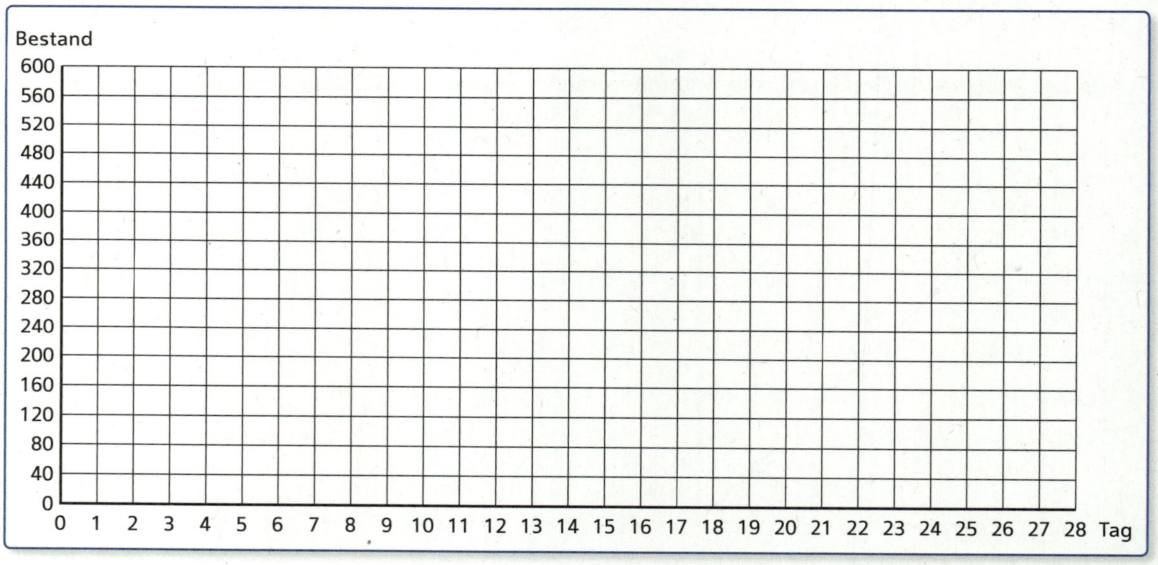

[Einstieg]
[Erarbeitung]
[Training]
[Projekte]
[Lernsituation]

b) Marek Kowalski sagt, dass die Beschaffung der Satteltasche „Speedy“ in letzter Zeit manchmal nicht fünf, sondern sechs Tage gedauert habe. Ein weiterer Grund für die Engpässe liege darin, dass in einigen Wochen der Verbrauch von 40 auf 50 Stück angestiegen sei.
Berechnen Sie die notwendige Veränderung des Meldebestandes.

5. Die Schöner Wohnen GmbH führt am 4. Januar eine Stichtagsinventur durch.

a) Bringen Sie die folgenden Arbeitsschritte in die richtige Reihenfolge, indem Sie die Arbeitsschrittnummern eintragen.

- Die Zu- und Abgänge zwischen Zähltag und Stichtag werden berücksichtigt. ☐
- Die zuständigen Personen werden unterwiesen. ☐
- Der Inventurleiter führt Stichprobenkontrollen durch. ☐
- Die Bestände werden gezählt und auf Aufnahmelisten festgehalten. ☐
- Die Bestände werden nach dem Niederstwertprinzip bewertet. ☐
- Die verantwortlichen Aufnahmeleiter und Aufnahmepersonen werden festgelegt. ☐
- Die Bestände werden in Inventurlisten erfasst. ☐
- Aufnahmeleiter und Aufnahmepersonen unterschreiben die Aufnahmelisten. ☐

b) Bei einigen Artikeln sind die Inventurdifferenzen erheblich. Erläutern Sie vier mögliche Ursachen für Inventurdifferenzen.

c) In der Warengruppe Motoröl ermitteln Sie am 4. Januar einen Bestand von 200 Fünfliterkanistern. Die Zugänge zwischen dem 31. Dezember und dem 4. Januar betrugen 50 Kanister, die Abgänge 30 Kanister.
Ermitteln Sie den mengenmäßigen Inventurbestand am 31. Dezemeber.

d) Der Fünfliterkanister Motoröl kostet im Einkauf 22,00 €. Hinzu kommen Versicherungs- und Transportkosten von 1,20 € pro Stück. Die Schöner Wohnen GmbH verkauft den Kanister für 32,00 € netto pro Stück. Ermitteln Sie den Inventurwert der Fünfliterkanister Motoröl zum 31. Dezember.

....

....

6. In der Speedbike GmbH & Co KG werden die Lagerbestände im Lager für Handelswaren und Fremdbauteile mit einem Warenwirtschaftssystem genau erfasst. Der Bilanzstichtag ist der 31. Dezember. Bei den Handelswaren sind die Bestände in den Monaten Januar und Februar besonders hoch, bei den Fremdbauteilen sind sie in den Monaten August bis November besonders niedrig.

a) Erfüllt die Speedbike GmbH & Co KG die Voraussetzungen für eine permanente Inventur?

....

....

....

b) Kevin Schneider sagt: „.Ich bin für die permanente Inventur, dann entfällt das aufwendige Zählen." Nehmen Sie Stellung zu dieser Aussage.

....

....

....

c) Prüfen Sie, ob auch eine verlegte Inventur sinnvoll wäre und in welchem Zeitfenster diese erfolgen müsste.

....

....

....

d) Nennen Sie zwei Vorteile der permanenten und zwei Vorteile der verlegten Inventur.

Permanente Inventur:

....

....

....

....

Verlegte Inventur:

....

....

....

....

[Einstieg]
[Erarbeitung]
[Training]
[Projekte]
[Lernsituation]

Trainingsaufgaben

1. Unterscheiden Sie Ist-Bestand und Soll-Bestand.
2. Wofür ist der Mindestbestand da?
3. Wie wird der Meldebestand berechnet?
4. Welche Bedeutung hat der Meldebestand?
5. Wovon hängt der Höchstbestand ab?
6. Wie wird die maximale Bestellmenge bei gegebenem Höchstbestand ermittelt?
7. Wie wird der verfügbare Bestand ermittelt?
8. Warum wird eine Inventur durchgeführt?
9. Nennen Sie die vier Inventurarten.
10. Wann findet bei der zeitnahen Stichtagsinventur die Zählung der Bestände statt?
11. In welchem Zeitfenster kann die verlegte Inventur durchgeführt werden?
12. Welche Voraussetzungen müssen für die Durchführung einer permanenten Inventur gegeben sein?
13. Nennen Sie zwei Vorteile der permanenten Inventur.
14. Geben Sie drei Ursachen für Inventurdifferenzen an.
15. Mit welchem Preis müssen die Inventurbestände bewertet werden?
16. Was unterscheidet die Stichprobeninventur von den anderen Inventurverfahren?

5 Wirtschaftlichkeit im Lager

Einstiegssituation: Lagerkosten

Die FLEXI-Transporte und Logistikdienstleistungen KG betreibt für die Schöner Wohnen GmbH ein Auslieferungslager in Hamburg. Von diesem Lager aus werden die norddeutschen Filialen der Schöner Wohnen GmbH beliefert. Die Schöner Wohnen GmbH beabsichtigt, in den nächsten Jahren weitere Filialen in Hamburg, Schleswig-Holstein, Bremen und Niedersachsen zu eröffnen. Diese sollen ebenfalls über das Auslieferungslager der FLEXI-Transporte und Logistikdienstleistungen KG beliefert werden.

Für die bevorstehenden Vertragsverhandlungen prüft die FLEXI-Transporte und Logistikdienstleistungen KG zwei Fragen: Ist der bisherige Preis für die Fremdlagerung ausreichend, um alle Kosten zu decken? Kann der Mehrbedarf an Lagerraum durch eine andere Lagertechnik abgefangen werden oder ist eine Lagererweiterung nötig?

Lagereinrichtung

1. Welche Kosten verursacht die Lagerhaltung?
2. Bisher ist das Lager mit Längstraversen-Palettenregalen ausgestattet. Erläutern Sie andere Regallösungen für die vorhandene Lagerhalle, die zu einer höheren Raumnutzung führen.
3. Welchen Zusammenhang sehen Sie zwischen Lagerraumnutzung und Lagerkosten?

[Einstieg]
[Erarbeitung]
[Training]
[Projekte]
[Lernsituation]

Erarbeitungsaufgaben

1. Kreuzen Sie an, zu welchen Kostenbereichen die angegebenen Lagerkosten jeweils zählen.

Entstandene Lagerkosten	Kapital-kosten	Raum-kosten	Verwal-tungskosten	Risiko-kosten	Personal-kosten
IT-Kosten					
Vergütung des Azubi					
Gebäudeabschreibung					
Kreditzinsen					
Mitarbeiterschulung					
Briefmarken					
Lagerversicherungen					
Telefongebühren					
Heizung					
Urlaubsgeld					
Unfallversicherungsbeitrag					
Verderb von Ware					
Gebäudereinigung					

2. Die FLEXI-Transporte und Logistikdienstleistungen KG ermittelt für die eingelagerten Waren der Schöner Wohnen GmbH folgende Lagerbestände.

Eingelagerte Ware	Anfangs-bestand	Endbestand 1. Quartal	Endbestand 2. Quartal	Endbestand 3. Quartal	Endbestand 4. Quartal
Kugel-Gartengrill	7	4	17	9	8
Bierbankgarnitur	12	29	19	8	7
Rattan-Sitzgruppe	5	2	3	2	3
Mini-Teichanlage	3	14	17	7	4

a) Berechnen Sie den durchschnittlichen Lagerbestand und das jeweils durchschnittlich gebundene Kapital für die eingelagerten Waren.

Eingelagerte Ware	ø Lagerbestand	Einstands-preis	ø gebundenes Kapital
Kugel-Gartengrill		189,00 €	
Bierbankgarnitur		97,90 €	
Rattan-Sitzgruppe		409,00 €	
Mini-Teichanlage		169,00 €	

[Einstieg]
[Erarbeitung]
[Training]
[Projekte]
[Lernsituation]

b) Berechnen Sie den Warenumsatz und den Wareneinsatz für die einzelnen Waren im letzten Geschäftsjahr.

Eingelagerte Ware	Verkaufspreis	Warenabsatz	Warenumsatz	Wareneinsatz
Kugel-Gartengrill	249,00 €	49		
Bierbankgarnitur	119,90 €	117		
Rattan-Sitzgruppe	499,00 €	21		
Mini-Teichanlage	219,90 €	34		

c) Wie hoch sind die Umschlagshäufigkeit und die durchschnittliche Lagerdauer der einzelnen Warengruppen? (Auf zwei Stellen hinter dem Komma runden.)

Eingelagerte Ware	ø Lagerbestand in €	Umschlagshäufigkeit	ø Lagerdauer
Kugel-Gartengrill			
Bierbankgarnitur			
Rattan-Sitzgruppe			
Mini-Teichanlage			

d) Vergleichen Sie die Umschlagshäufigkeit der Rattan-Sitzgruppe und der Bierbankgarnitur. Welche Schlüsse ziehen Sie aus diesen Daten für die Arbeit im Lager?

[Einstieg]
[Erarbeitung]
[Training]
[Projekte]
[Lernsituation]

e) Vervollständigen Sie folgende Sätze:

- Je höher die Umschlagshäufigkeit, desto .... ist die durchschnittliche Lagerdauer.
- Je länger die durchschnittliche Lagerdauer, desto .... ist die Umschlagshäufigkeit.

f) Die Schöner Wohnen GmbH möchte wissen, wie hoch die Lagerzinsen für die eingelagerten Warengruppen bei der jeweiligen durchschnittlichen Lagerdauer sind. Der marktübliche Zinssatz beträgt 8 %. Berechnen Sie den jeweiligen Lagerzinssatz und die Lagerzinsen in Euro. (Auf zwei Stellen hinter dem Komma runden.)

Eingelagerte Ware	ø Lagerdauer	Lagerzinssatz	ø Lagerbestand in €	Lagerzinsen
Kugel-Gartengrill				
Bierbankgarnitur				
Rattan-Sitzgruppe				
Mini-Teichanlage				

g) Machen Sie Vorschläge, wie sich die Lagerzinsen senken lassen.

....

....

3. Zum Standardsortiment der Schöner Wohnen GmbH zählt der Schminkspiegel „Manhattan", Artikelnummer 2685. Der Einstandspreis dieses Artikels beträgt 34,00 €, der Verkaufspreis 58,80 €. Der Anfangsbestand für das abgelaufene Geschäftsjahr (Jahr 01) betrug 400 Stück. Zur Bestandsentwicklung stehen folgende Monatsendbestände zur Verfügung:

Jan.	540	Mai	1 400	Sept.	980
Feb.	960	Juni	1 380	Okt.	1 000
März	1 060	Juli	1 200	Nov.	1 200
April	860	Aug.	1 220	Dez.	800

a) Wie hoch ist der durchschnittliche Lagerbestand in Stück und in Euro?

....

....

....

....

....

[Einstieg]
[Erarbeitung]
[Training]
[Projekte]
[Lernsituation]

b) Im laufenden Geschäftsjahr (Jahr 01) betrug der Umsatz dieses Artikels 352 800,00 €. Berechnen Sie die Umschlaghäufigkeit.

c) Im vorhergehenden Geschäftsjahr (Jahr 00) betrug der durchschnittliche Lagerbestand 1060 Stück. Der Absatz lag bei 5300 Schminkspiegeln. Ergänzen Sie in der Tabelle die fehlenden Daten.

Kennzahl	Geschäftsjahr 00	Geschäftsjahr 01
Absatz (= Wareneinsatz in Stück)	5 300 Stück	
Umsatz in €		352 800,00 €
Ø Lagerbestand in Stück	1 060 Stück	
Ø Lagerbestand in €		
Umschlaghäufigkeit		
Ø Lagerdauer		

d) Vergleichen Sie die Ergebnisse aus Sicht des Lagers. Welche Vorteile ergeben sich aus dem kleineren durchschnittlichen Lagerbestand und der kürzeren Lagerdauer im Geschäftsjahr 01?

4. Der Spiegelschrank „Venus“ weist für das vergangene Geschäftsjahr folgende Daten aus:

Anfangsbestand 5 000 Stück, Zugänge 39 500 Stück, Endbestand 4 000 Stück

a) Berechnen Sie die Umschlaghäufigkeit und die durchschnittliche Lagerdauer für diesen Artikel.

b) Der marktübliche Zinssatz für kurzfristige Kredite beträgt 2,25 %. Der Einstandspreis für den Spiegelschrank liegt bei 28,00 €. Ermitteln Sie den Lagerzinssatz und den jährlichen Zinsaufwand (Lagerzinsen).

....

....

5. Nach einer Frühjahrs-Werbekampagne für einen Saisonartikel rechnet die FLEXI-Transporte und Logistikdienstleistungen KG mit einer Nachfragesteigerung um 40 %. Der normale Tagesabsatz liegt bei durchschnittlich 60 Stück. Im letzten Jahr betrug der durchschnittliche Lagerbestand dieses Artikels 840 Stück.

a) Berechnen Sie die Lagerreichweite bei einem normalen Tagesabsatz.

....

b) Um wie viele Tage sinkt die Lagerreichweite durch die Werbeaktion?

....

....

....

c) Wie hoch müsste der Lagerbestand sein, um während der Werbeaktion eine Lagerreichweite von 20 Tagen zu sichern?

....

6. Die Lagerhalle der FLEXI-Transporte und Logistikdienstleistungen KG, in der die Waren der Schöner Wohnen GmbH gelagert werden, hat eine Grundfläche von 30 m x 12 m. Die Doppelregalreihen sind jeweils 5 m x 3 m und die Gänge 2 m breit. Der Verpackungs- und Versandbereich ist 5 m x 12 m groß (vgl. Abbildung von Halle 1).

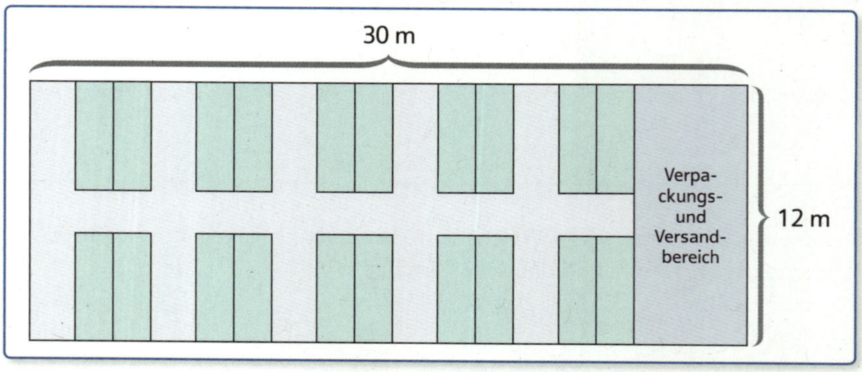

Halle 1

Die FLEXI- Transporte und Logistikdienstleistungen KG möchte in einem anderen Lagergebäude mit denselben Außenmaßen Paletten mit Eisenwaren einlagern. Der Einlagerer wünscht Blocklagerung. Hierzu wird ebenfalls ein Verpackungs- und Versandbereich von 5 m x 12 m benötigt.

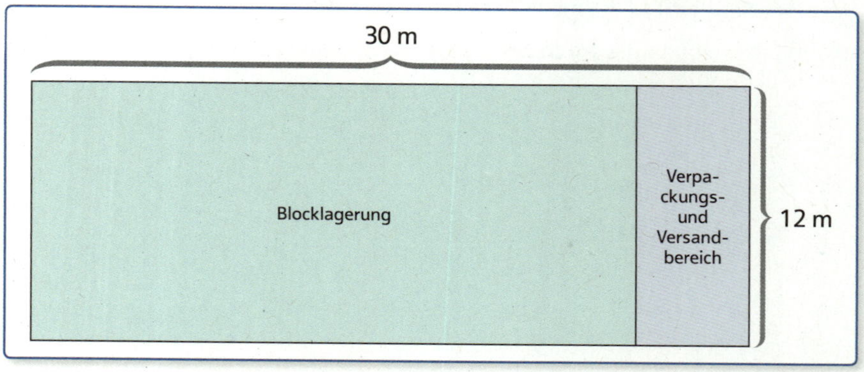

Halle 2

[Einstieg]
[Erarbeitung]
[Training]
[Projekte]
[Lernsituation]

a) Berechnen Sie die Grundflächen von Halle 1 und Halle 2.

Halle 1: ....

Halle 2: ....

b) Ermitteln Sie die jeweils zur Verfügung stehende Lagerfläche in m^2.

Halle 1: ....

Halle 2: ....

c) Berechnen Sie den Flächennutzungsgrad in beiden Lagerhallen, wenn alle Lagerplätze belegt sind.

Halle 1: ....

Halle 2: ....

7. Kreuzen Sie an, welche Daten Sie zur Ermittlung der jeweiligen Lagerkennzahl benötigen.

Erklärung der Abkürzungen:

AB: Anfangsbestand in Stück
EB: Endbestand in Stück
EP: Einstandspreis in €
LB: Lagerbestand in Stück
LD: Lagerdauer in Tagen
LR: Lagerreichweite in Tagen
LZ: Lagerzinsen in €
LZS: Lagerzinssatz in Prozent
UH: Umschlagshäufigkeit
VK: Verkauf je Arbeitstag in Stück
WA: Warenabsatz in Stück
WE: Wareneinsatz in €
ZS: marktüblicher Zinssatz in Prozent

Kennziffern	AB	EB	ø LB	EP	WA	WE	ø LD	UH	ø VK	ZS	LZS
ø LB in Stück											
ø geb. Kapital											
WE											
UH											
ø LD											
LR											
LZS											
LZ											

Formeln:

[Einstieg]
[Erarbeitung]
[Training]
[Projekte]
[Lernsituation]

Trainingsaufgaben

1. Nennen Sie drei Kostenarten im Lager.
2. Nennen Sie drei Beispiele für Raumkosten.
3. Was versteht man unter „gebundenem Kapital“?
4. Warum verursachen die im Lager liegenden Waren Zinsverluste?
5. Nennen Sie drei Beispiele für Risikokosten.
6. Was versteht man unter „allgemeinen Verwaltungskosten“?
7. Erklären Sie den Unterschied zwischen Absatz und Umsatz.
8. Was versteht man unter dem Einstandspreis?
9. Wie wird der durchschnittliche Lagerbestand auf Basis von Quartalsendbeständen berechnet?
10. Welches ist die einfachste, aber auch ungenaueste Formel für die Berechnung des durchschnittlichen Lagerbestandes?
11. Welche Folgen haben hohe Lagerbestände?
12. Welche Folgen haben niedrige Lagerbestände?
13. Erklären Sie die Umschlagshäufigkeit mit eigenen Worten.
14. Wie wird die Umschlagshäufigkeit berechnet?
15. Nennen Sie zwei Möglichkeiten, wie der Wareneinsatz ermittelt werden kann.
16. Wie hoch ist die durchschnittliche Lagerdauer bei einer Umschlagshäufigkeit von 6?
17. Nennen Sie zwei Maßnahmen zur Erhöhung der Umschlagshäufigkeit.
18. Was ist die Lagerreichweite und wie wird sie ermittelt?
19. Wie werden die Lagerzinsen berechnet, wenn der Lagerzinssatz gegeben ist?
20. Wie wird der Flächennutzungsgrad eines Lagers ermittelt?

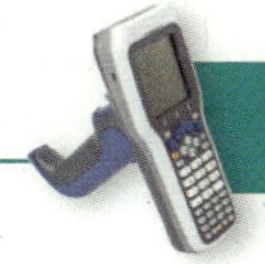

Projekte und Aktionen

Erstellen Sie einen Fachbericht. Ihr Vorgesetzter gibt Ihnen drei Themen vor, von denen Sie eines wählen dürfen: „Hilfsmittel in meinem Lager“, „Abfallentsorgung in meinem Lager“ oder „Warenpflege und Warenkontrolle in meinem Lager“.

Ihr Fachbericht sollte ein bis zwei Seiten Text haben. Versuchen Sie auch, Ihre Ausführungen mit Bildern, Skizzen und Grafiken zu visualisieren.

Hilfsmittel in meinem Lager

Stellen Sie zunächst Ihr Lager und die dort eingelagerten Güter vor. Welche Hilfsmittel werden in Ihrem Lager zum Vorverpacken/Komplettieren bzw. zur Warenpflege und zum Verpacken verwendet? Nicht eingehen sollen Sie auf Packmittel und Fördermittel.

Stellen Sie jeweils dar, für was das entsprechende Hilfsmittel verwendet wird, worauf beim Einsatz zu achten ist und wie das Hilfsmittel die Arbeit erleichtert bzw. vor welchen gesundheitlichen Belastungen es schützt. Zusätzlich können Sie darstellen, wie dieses Hilfsmittel zu warten und zu pflegen ist.

Hilfsmittel im Lager

Abfallentsorgung in meinem Lager

Stellen Sie zunächst Ihr Lager und die dort eingelagerten Güter vor. Welche Abfälle fallen wo an, wie werden diese gesammelt und wie entsorgt? Wer ist wofür zuständig?

Gehen Sie gegebenenfalls auch darauf ein, inwieweit Entsorgungsgesichtspunkte bei der Auswahl von Verpackungen eine Rolle spielen und welche Maßnahmen zur Abfallvermeidung ergriffen werden.

Abfallentsorgung

Warenpflege und Warenkontrolle in meinem Lager

Stellen Sie zunächst Ihr Lager und die dort eingelagerten Güter vor. Wählen Sie drei verschiedene Warengruppen und stellen Sie dar, welche Maßnahmen der Warenpflege und der Warenkontrolle durchgeführt werden. Gehen Sie bei den Maßnahmen darauf ein, warum sie durchgeführt werden, wer sie durchführt und ob dies in regelmäßigen Abständen oder nur bei bestimmten Anlässen geschieht.

Warenpflege

Lernsituation 1: Inventur durchführen

Situation

In der ALLMÖ GmbH wird am 28. Dezember die Inventur durchgeführt. Maja und Timo haben den Auftrag, im Lager den Bereich Spielwaren zu zählen und in die Inventurliste aufzunehmen. Timo zählt, während Maja seine Angaben in die Liste einträgt.

Inventur in der ALLMÖ GmbH

Timo: Laufrad Feuerwehr, 9 Stück, Verkaufspreis 78,90 €. Durch das Vorsortieren läuft die Inventur recht flott.

Maja: In Ordnung, dann lass uns schnell weitermachen.

Timo: Holzeisenbahn, 8 Stück, Verkaufspreis 38,90 €. Puppenschrank, 5 Stück, Verkaufspreis 29,80 €. Billardtisch mit Zubehör, 4 Stück, Verkaufspreis 39,50 €. Den hätte ich als Kind auch gerne gehabt.

Maja: Dann wärst du beim Billardspielen ja heute gar nicht mehr zu schlagen!

Timo: Schneide-Frühstück, 24 Stück, Verkaufspreis 11,99 €. Puzzle Rotkäppchen, 21 Stück, Verkaufspreis 8,15 €. Ach, und hier liegen noch 2 ganz verstaubte Puzzle Rotkäppchen.

Maja: Na ja, wer kauft denn heute noch Märchenpuzzle für seine Kinder? Da müssen es doch wohl eher die Teletubbies, Bob der Baumeister oder Sponge Bob sein.

Timo: Oh mein Gott. Sieh dir diese Lagerwanne mit Murmeln an! Das kann dauern, bis ich die alle gezählt habe. Du kannst inzwischen gerne frühstücken gehen.

Maja: Prima, bis später also!

Nach einer halben Stunde kommt Maja zurück und Timo zählt gerade die letzten Murmeln.

Timo: 619, 620, 621. Gut, dass du wieder da bist. Ich bin gerade fertig geworden. Es sind 621 Murmeln, wenn ich mich nicht verzählt habe. Jede Murmel kostet 0,05 €.

Maja: Das hat ja ganz schön lange gedauert. Drum lass uns nun schnell weitermachen.

Timo: Hier habe ich etwas für dich, einen wunderschönen Puppenwagen. Da könntest du schon mal üben!

Maja: So ein Quatsch! Ich habe ganz andere Pläne, wenn ich erst mal meinen Abschluss in der Tasche habe!

Timo: Puppenwagen maritim, 12 Stück, Verkaufspreis 26,80 €. Fädelbox, 32 Stück, Verkaufspreis 10,65 €. Und nun ein Bingo-Spiel. Das wäre etwas für meine Freundin. Sie liebt Bingo!

Maja: Dann hast du ja schon ein prima Geburtstagsgeschenk. Sie hat doch nächste Woche Geburtstag, oder?

Timo: Ja, das stimmt. Doch ich habe schon etwas Besseres. Nun lass uns aber weitermachen! Bingo, 7 Stück, Verkaufspreis 22,90 €. Kaufladen Mega, 6 Stück, Verkaufspreis 84,30 €. Was ist das denn? Die Kinderküche ist ja beschädigt.

Maja: Ja, ich weiß, da ist Klaus gestern mit seinem Stapler reingefahren. Herr Fuchs meint jedoch, dass man sie nach der Reparatur vielleicht noch zum halben Preis verkaufen kann.

Timo: Küche, 1 Stück, Verkaufspreis 63,70 €, stark beschädigt.

Maja: Müssen wir bei der beschädigten Küche nicht den halben Preis ansetzen?

Timo: Wir sollen die Waren zu Verkaufspreisen erfassen. Auf dem Etikett steht Verkaufspreis 63,70 €. Nun noch der letzte Posten. Ich habe hier einen Stoffballen, einen Vorhangstoff mit Bärchenmotiv. Ursprünglich waren mal 20 m auf dem Ballen. Der Meter Stoff kostet 5,50 €.

Maja: Wie viel Meter soll ich denn hier eintragen?

Timo: Naja, das meiste ist schon runter. Ich schätze, dass es noch ungefähr 4 m sind.

Maja: O.k., dann trage ich das hier ein!

[Einstieg]
[Erarbeitung]
[Training]
[Projekte]
[Lernsituation]

Inventurliste									
Warengruppe: *Spielwaren*				Tag der Aufnahme: *28. Dezember 20..*				Blatt: *16*	
Warenaufnahme					Bewertung				
Nr.	Warenbezeichnung	Stück/ Meter/ Kilogramm	Verkaufspreis in € je Einheit	Bemerkungen	Gesamtverkaufspreis in €	Kalkulationszuschlag in %	Gesamteinkaufspreis in €	Weitere Abschläge in %	Wertansatz für die Inventur in €
1	Laufrad Feuerwehr	9	78,90	–					
Summe						–		–	
Angesagt:				Geschrieben:			Geprüft:		

M 1 *Inventurliste*

[Einstieg] [Erarbeitung] [Training] [Projekte] [Lernsituation]

Arbeitsaufträge

1. Führen Sie die Inventurliste (M 1) weiter. Übernehmen Sie die Angaben aus dem Gespräch, die erforderlich sind, damit man die Liste in der Buchhaltung ordnungsgemäß fortführen kann.

   a) Tragen Sie die Spielwaren mit den dazugehörigen Angaben in die Inventurliste ein (Spalten 1 bis 5).

   b) Führen Sie die Liste fort, indem Sie die Gesamtverkaufspreise für alle Artikel berechnen (Spalte 6).

   c) Berechnen Sie für alle Artikel die Gesamteinkaufspreise (Spalten 7 und 8).

   Kalkulationszuschlagssatz

   Der Kalkulationszuschlagssatz dient der Vereinfachung der Kalkulation des Verkaufspreises. In ihm werden Kundenrabatt, Kundenskonto, Gewinn und Handlungskosten (z. B. Kosten für Verwaltung und Warenpflege) zusammengefasst.

   Multipliziert man den Einstandspreis mit dem Kalkulationszuschlagssatz, erhält man den Nettoverkaufspreis.

   Die ALLMÖ GmbH rechnet in der Warengruppe „Spielwaren" mit einem Kalkulationszuschlagssatz von 35 %. Der Nettoverkaufspreis entspricht somit 135 %, während der Nettoeinkaufspreis mit 100 % gleichzusetzen ist.

   d) Bewerten Sie beschädigte Waren so, dass sie mit ihrem tatsächlichen Wert erfasst werden (Spalten 9 und 10), d. h., die beschädigte Kinderküche wird mit 50 % ihres Einkaufswertes angesetzt.

2. Das Zählen der Murmeln hat während der Inventur sehr lange gedauert. Wie hätten Timo und Maja sich die Arbeit erleichtern können?

   ....

   ....

3. Timo und Maja haben die verbliebenen Meter Vorhangstoff auf dem Stoffballen geschätzt. Ist diese Vorgehensweise korrekt? Falls nicht, erläutern Sie, wie die Bestandsaufnahme hätte erfolgen müssen.

   ....

   ....

4. Bei der Inventur ist zwischen dem Soll- und dem Ist-Bestand an Fädelboxen eine Differenz festgestellt worden. Laut Artikeldatei müssten 35 Fädelboxen auf Lager sein (Soll-Bestand). Tatsächlich sind es jedoch nur 32 Stück.
   Welche Ereignisse können die Inventurdifferenz verursacht haben (mindestens drei Ereignisse aufzählen)?

   ....

   ....

   ....

   ....

   ....

[Einstieg]
[Erarbeitung]
[Training]
[Projekte]
[Lernsituation]

5. Das Geschäftsjahr der ALLMÖ GmbH endet am 31. Dezember. Um welche Inventurart handelt es sich und in welchem Zeitraum kann sie durchgeführt werden?

6. Erläutern Sie die weiteren Inventurarten.

7. Bis zum 31. Dezember werden in der ALLMÖ GmbH noch mehrere Spielwaren ein- bzw. verkauft:
Wertmäßiger Gesamtbestand an Spielwaren am 28. Dezember .... 85 000,00 €
Wert der Abgänge vom 28. bis 31. Dezember .... 6 400,00 €
Wert der Zugänge vom 28. bis 31. Dezember .... 4 300,00 €
Führen Sie eine wertmäßige Fortschreibung für die Zu- und Abgänge durch.

8. Wie lange sind die Inventurunterlagen aufzubewahren?

Lernsituation 2: Lagerkennzahlen ermitteln

Situation

Im Lager der Speedbike GmbH & Co KG wird in einigen Bereichen die Bestandsführung umorganisiert. Für mehrere Artikel müssen daher übergangsweise Lagerkarten erstellt werden. Dies betrifft unter anderem den Artikel „Sicherheitsklingel mit Trillerwerk".

Sicherheitsklingel mit Trillerwerk

Material

Artikel-Nr.	16114
Einheit	Stück
Location	Dekadisch: Regal – Regalfeld – Regalebene
Artikel-Bezeichnung	???
Lieferer	Schanz Cycle-Bells GmbH, 38100 Braunschweig
Bestell-Nr.	SK123
Tagesverbrauch	15
Mindestbestand	6-Fache des Tagesverbrauchs
Lieferzeit	7 Kalendertage nach Bestelldatum
Meldebestand	???
Höchstbestand	600
Liefermenge	310 (fest vorgegeben)
Einstandspreis	0,48 €

M 1 *Artikelstammdaten*

[Einstieg]
[Erarbeitung]
[Training]
[Projekte]
[Lernsituation]

Abgänge			Zugänge		
Datum	Beleg	Menge	Datum	Beleg	Menge
03.07.	KB 1015	78	21.08.	LS 3568	???
10.07.	KB 1178	81	???	LS 3691	???
04.08.	KB 1292	80	???	LS 3901	???
14.08.	KB 1333	68	???	LS 4824	???
18.08.	KB 1367	82			
23.08.	KB 1389	74			
11.09.	KB 1425	71			
15.09.	KB 1453	70			
22.09.	KB 1488	75			
29.09.	KB 1502	86			
06.10.	KB 1565	77			
16.10.	KB 1599	80			
20.10.	KB 1667	82			
26.10.	KB 1714	76			
30.10.	KB 1756	83			
13.11.	KB 1859	79			
22.11.	KB 1922	69			
28.11.	KB 2034	91			
01.12.	KB 2177	74			
19.12.	KB 2254	52			

M 2 *Buchungsdaten (KB = Kommissionierbeleg, LS = Lieferschein)*

Inventurbeleg – Nr. 18562			Datum: 15.10.20..
Artikelbezeichnung:	Sicherheitsklingel mit Trillerwerk		
Artikel-Nr.:	16114		
Soll-Bestand:	269	Differenz:	–4
Ist-Bestand:	265		
Material mengenmäßig geprüft:	Felix Oswald		

M 3 *Inventurbeleg*

[Einstieg]
[Erarbeitung]
[Training]
[Projekte]
[Lernsituation]

Artikel-Nr.: ....

Artikel: ....

Lieferer: ....

Bestell-Nr.: .... Einheit: ....

ø Tagesverbrauch: .... Lieferzeit: .... Preis/E: ....

Höchst-Best.: .... Mind.-Best.: .... Signalzahl: ....

Jahr: *20..* Location: ....

Lfd.-Nr.	Datum	Beleg	Zugang	Abgang	Bestellung	Bestand
1	30.06.	Übertrag				491
2						
3						
4						
5						
6						
7						
8						
9						
10						
11						
12						
13						
14						
15						
16						
17						
18						
19						
20						
21						
22						
23						
24						
25						
26						

M 4 *Lagerkarte*

[Einstieg]
[Erarbeitung]
[Training]
[Projekte]
[Lernsituation]

Arbeitsaufträge

1. Richten Sie den Kopf der Lagerkarte (M4) ein, fehlende Daten sind von Ihnen zu berechnen bzw. festzustellen.
2. Tragen Sie die Zu- und Abgänge sowie den Inventurbeleg in chronologischer (zeitlicher) Reihenfolge in die Lagerkarte (M4) ein. Falls Sie an ein und demselben Tag sowohl einen Zugang als auch einen Abgang haben, tragen Sie diese jeweils in eine eigene Zeile ein. Berechnen Sie die jeweiligen Bestände. Falls die Fahrradklingel nachbestellt werden muss, lösen Sie die erforderliche Bestellung aus, indem Sie in der Spalte „Bestellung“ das Wort „bestellen“ notieren. Die fehlenden Lieferdaten sind zu berechnen und einzutragen.
3. Berechnen Sie für das 2. Halbjahr die folgenden Lagerkennzahlen:

   a) Durchschnittlicher Lagerbestand in Stück (Ergebnis auf ganze Zahl aufrunden)

   b) Durchschnittlich gebundenes Kapital

   c) Warenabsatz

   d) Wareneinsatz in Stück und in €

   e) Lagerumschlag

   f) Durchschnittliche Lagerdauer in Tagen (Ergebnis auf ganze Zahlen runden)

   g) Lagerreichweite

[Einstieg]
[Erarbeitung]
[Training]
[Projekte]
[Lernsituation]

h) Lagerzinsen bei einem Zinssatz von 15 % (Ergebnis auf zwei Stellen nach dem Komma runden)

....

....

....

....

....

4. Stellen Sie die Bestandsentwicklung mit den Monatsendbeständen grafisch als Liniendiagramm dar. Vergessen Sie nicht, den Mindest-, Melde- und Höchstbestand einzutragen. Beurteilen Sie anschließend Ihre grafische Darstellung. Warum wird in der Grafik der Meldebestand nicht erreicht? Würden Sie an den Mindest- und Höchstbeständen etwas ändern?

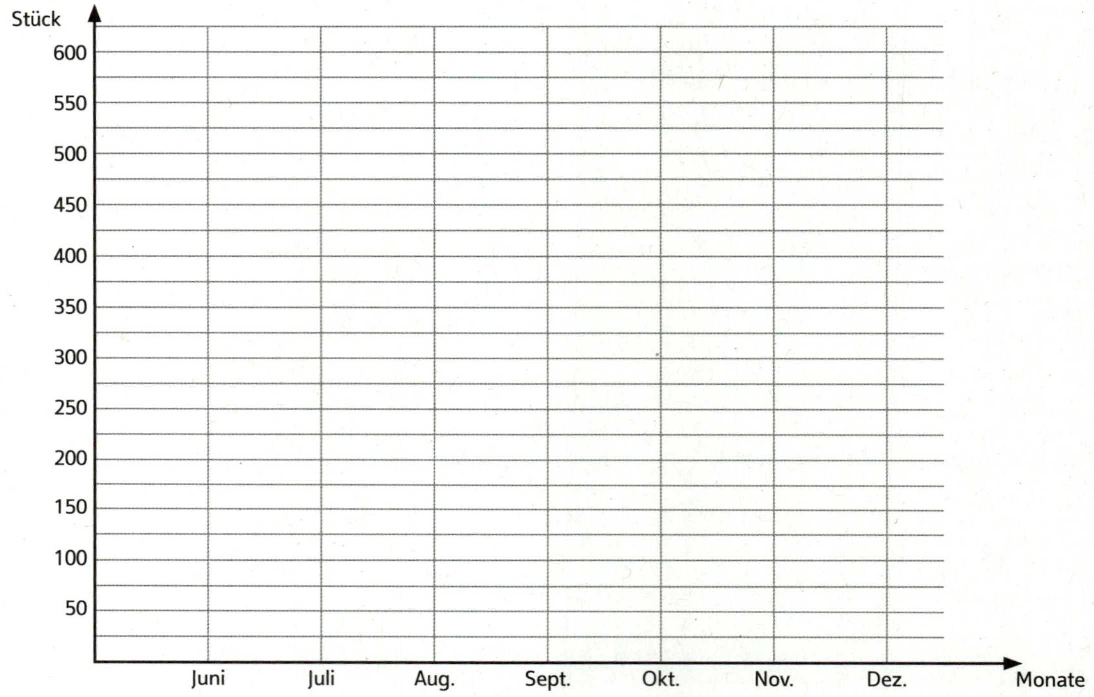

Beurteilung:

....

....

....

....

5. Wie ist die Lagerung organisiert: starr oder flexibel? Begründen Sie kurz Ihre Antwort.

....

....

[Einstieg]
[Erarbeitung]
[Training]
[Projekte]
[Lernsituation]

Lernfeld 4
Güter transportieren

1 Informations- und Materialfluss

Einstiegssituation: Probleme bei der Materialbeschaffung

In der Speedbike GmbH & Co KG kommt es vermehrt zu Problemen. Eine Auswertung der Probleme ergab, dass Bauteile zu spät beim Lieferanten bestellt werden. Dies führt dazu, dass nicht immer ausreichend Ware auf Lager ist, um den Materialanforderungen aus der Produktion nachzukommen. Dadurch verzögert sich der Fertigstellungstermin der Motorräder, was wiederum zu Kundenbeschwerden führt, die im Extremfall in Auftragsstornierungen enden. Durch den verspäteten oder ausbleibenden Wareneingang kann außerdem keine Ware eingelagert werden. Durch Eillieferungen entstehen hohe Kosten und die zusätzlichen Fahrten belasten nicht nur die Umwelt, sondern der erhöhte Energieverbrauch macht auch die Produkte teurer. Ein befreundeter Unternehmensberater rät dem Geschäftsführer René Krem, den Material- und Informationsfluss zu optimieren.

Materialfluss bei der Speedbike GmbH & Co KG

1. Beschreiben Sie das Problem der Speedbike GmbH & Co KG mit eigenen Worten.
2. Welche Teilprobleme werden beschrieben?
3. Was versteht man unter einem Material- und einem Informationsfluss?
4. Welche der oben beschriebenen Abläufe zählen zum Informationsfluss?
5. Zeichnen Sie den außer- und innerbetrieblichen Materialfluss der Speedbike GmbH & Co KG vom Wareneingang bis zum Warenausgang, indem Sie eine geeignete Grafik (z. B. ein Ablaufdiagramm) erstellen und darin die folgenden Begriffe in der richtigen Reihenfolge eintragen:
   - Halbfertigwarenlager
   - Kunde
   - Lieferant
   - Produktion
   - Warenausgang/Vertrieb
   - Wareneingang

Erarbeitungsaufgaben

1. Was ist die Aufgabe der Logistik?

2. Ordnen Sie die beschriebenen Tätigkeiten dem Material- oder Informationsfluss zu, indem Sie den entsprechenden Buchstaben hinter den Tätigkeiten eintragen.

Materialfluss [M]
Informationsfluss [I]

Tätigkeiten:

a) Die Einkaufsabteilung bestellt Ware beim Lieferanten. ☐
b) Erstellung eines Angebots für einen Kunden in Frankreich. ☐
c) Die bestellte Ware wird vom Lkw abgeladen. ☐
d) Die kontrollierte Ware wird eingelagert. ☐
e) Der Wareneingangsschein wird ausgefüllt und an der Ware angebracht. ☐
f) Die Ware wird auf dem Kommissionierwagen transportiert. ☐
g) Eine Rechnung eines Lieferanten geht ein. ☐
h) Ein Liefertermin wird angekündigt. ☐
i) Die fertig kommissionierte Ware wird für den Kunden verpackt. ☐
j) Die beladenen Paletten werden auf den Lkw verladen. ☐

3. Welche Effekte können durch einen optimalen Materialfluss erreicht werden? Kreuzen Sie die richtigen Antworten an.

a) Der Kunde erhält die bestellte Ware schneller. ☐
b) Es treten mehr Fehler auf, sodass schneller gearbeitet werden muss. ☐
c) Die Kosten lassen sich durch weniger Beschädigungen an der Ware und weniger Umwege im Unternehmen verringern. ☐
d) Die Umweltbelastung steigt durch einen vermehrten CO_2-Ausstoß und den erhöhten Energieverbrauch. ☐

4. Beschreiben Sie am Beispiel der Einstiegssituation, warum der Materialfluss und der Informationsfluss untrennbar zusammengehören.

....

....

....

....

[Einstieg]
[Erarbeitung]
[Training]
[Projekte]
[Lernsituation]

Trainingsaufgaben

1. Nennen Sie die sechs R der Logistik.
2. Was versteht man unter einer Lieferkette?
3. Nennen Sie die vier Arten der Informationen, die zusammen den Informationsfluss bilden.
4. Nennen Sie drei Gründe für eine Optimierung des Materialflusses.
5. Was versteht man unter „Informationslogistik"?
6. Nennen Sie ein Hilfsmittel, ohne das die heutige Informationslogistik kaum mehr denkbar ist.

2 Handtransport

Einstiegssituation: Rückenschonender Transport

Gabriele Steffens und Wolfgang Reitz treffen sich im Pausenraum der Schöner Wohnen GmbH.

Gabriele: Hallo Wolfgang, wie siehst du denn aus? Hast du Schmerzen?

Wolfgang: Ach, Gabriele, frag nicht. Ich kann mich kaum noch bewegen. Seit wir das Sortiment im Gartenbereich um Markisen und Zaunelemente aus Holz und Metall erweitert haben, weiß ich gar nicht mehr, wie sich ein nicht schmerzender Rücken anfühlt. Manchmal verdrehe ich mir auch noch den Rücken beim ruckartigen Anheben und dann lasse ich die Ware fast fallen.

Gabriele: Autsch, das klingt aber nicht gut. Ich dachte schon, ich allein hätte Probleme mit dem Heben und Tragen.

Wolfgang: Warum, hast du auch Rückenprobleme?

Gabriele: Ja, hatte ich. Aber seit wir im Wareneingang einen Handgabelhubwagen haben und ich nicht mehr so viel mit der Hand heben und tragen muss, ist es besser geworden. Und wir sind viel schneller beim Entladen der Lkws. Allerdings sagt mein Arzt, einen kaputten Rücken kann man nicht wieder reparieren.

Wolfgang: Ich brauche auch Hilfe beim Heben und Tragen im Warenausgang.

Rückenschmerzen vom schweren Heben und Tragen

1. Beschreiben Sie, woher die Rückenschmerzen von Herrn Reitz kommen können.
2. Frau Steffens beschreibt, warum sie keine Rückenschmerzen mehr hat. Welches Hilfsmittel hat sie zur Verfügung und inwiefern entlastet dieses Hilfsmittel ihren Rücken?
3. Nennen Sie weitere Hebe- und Tragehilfsmittel, die den Handtransport erleichtern.

Erarbeitungsaufgaben

1. Entscheiden Sie, welche der folgenden Aussagen richtig (R) und welche falsch (F) sind. Korrigieren Sie die falschen Aussagen in Ihrem Arbeitsheft.

   a) Der Arbeitgeber ist verpflichtet, alle Handtransporte zu verbieten. ☐

   b) Neue Mitarbeiter sind vor Aufnahme der Tätigkeit auf die Risiken unsachgemäßen Hebens und Tragens hinzuweisen. ☐

   c) Wenn mehrere Personen eine Last tragen, gibt immer die vordere Person die Anweisungen. ☐

   d) Beim Transport der Last auf mehreren Schultern genügt es, wenn eine Person die Last festhält. ☐

   e) Die Ausstattung des Arbeitsplatzes ist für das manuelle Heben und Tragen von großer Bedeutung, da z. B. auf unebenem Boden das Tragen schwerer Lasten ein größeres Verletzungsrisiko birgt. ☐

   f) Die persönliche Fähigkeit zum manuellen Heben und Tragen hängt nur von der richtigen Kleidung und den richtigen Schuhen ab. ☐

   g) Der Arbeitgeber hat auf die körperlichen Fähigkeiten und das Alter des betroffenen Mitarbeiters zu achten, bevor er ihn zu einem Handtransport auffordert. ☐

[Einstieg]
[Erarbeitung]
[Training]
[Projekte]
[Lernsituation]

2. Entscheiden Sie, ob sich die Mitarbeiter beim Handtransport an die Empfehlungen der Berufsgenossenschaft halten. Kreuzen Sie die Situationen an, in denen die Empfehlungen eingehalten werden, und begründen Sie für alle Situationen Ihre Entscheidung.

Situation	Begründung
a) Gabriele Steffens, 38 Jahre, hebt einmal pro Tag einen Karton Papier (20 kg) und trägt ihn zum 10 m entfernten Kopierer. ☐	
b) Anja Schön, 17-jährige Auszubildende, hebt ca. 50-mal pro Tag Kartons (10 kg – 15 kg) im Wareneingang von der Palette und trägt sie zur 50 m entfernten Qualitätskontrolle. ☐	
c) Marcel Fröhlich, 19-jähriger Auszubildender, hebt ein- bis zweimal je Stunde im Warenausgang größere und schwerere Packstücke (20 kg) vom Packtisch auf eine Palette. ☐	
d) Cuma Basaran, 30 Jahre, hebt ständig mehrere Kartons mit Tapeten (à 35 kg) aus dem Regal auf den Kommissionierwagen. Anschließend hebt er die Kartons vom Kommissionierwagen auf eine Palette. ☐	
e) Felix Oswald, 43 Jahre, hebt beim Einlagern der Ware im Gefahrgutlager je Stunde ein Fass mit je 100 l. ☐	
f) Gudrun Schmitz, 46 Jahre, hebt bei der Warenkontrolle alle zehn Minuten eine Steige mit 20 Senfgläsern (à 500 g). ☐	
g) Die schwangere Petra hebt einen 15 kg schweren Sack auf eine Europalette. ☐	

[Einstieg]
[Erarbeitung]
[Training]
[Projekte]
[Lernsituation]

3. Der Fehlerteufel hat sich eingeschlichen. Der folgende Text enthält fünf falsche Aussagen. Markieren Sie diese und korrigieren Sie die Falschaussagen in Ihrem Arbeitsheft.

> **Hilfsmittel für leichte und schwere Lasten**
>
> Handmagnete sind leicht zu handhaben, haben ein geringes Gewicht und eignen sich besonders für glatte Oberflächen aus Holz. Saugtragegriffe arbeiten mit Unterdruck, der das Gut am Tragegriff festhält. Sie eignen sich besonders für unebene Oberflächen. Durch Drücken eines Knopfes oder Betätigen eines Hebels lässt sich der Griff von der Oberfläche lösen. Tragklauen arbeiten nach dem Zangenprinzip und eignen sich auch ideal für heiße und unhandliche Lasten. Tragegurte bestehen ausschließlich aus Naturfasern, die in Form einer Schlinge zum Einsatz kommen. Die Schlinge wird einerseits um die zu tragende Last gelegt. Auf der anderen Seite umschlingt der Tragegurt die Schultern des Mitarbeiters. Mit Tragklemmen lassen sich aufrechte Transporte von Blechen und Trennwänden durchführen. Sie eignen sich vor allem für den Transport durch einen Mitarbeiter.
>
> Sollen große Metallrohre rollend transportiert werden, so verwendet man Rohrschlüssel, die das Risiko, zwischen den Rohren eingequetscht zu werden, erhöhen. Das Rollenprinzip haben schon die alten Ägypter genutzt. Unter die Lasten werden Rollen oder Rohre positioniert. Die Last wird über diese Rollen bzw. Rohre gezogen, dadurch werden die hintersten Rollen frei, die dann vorne erneut untergelegt werden müssen. Dadurch kann die Ware ins Kippen geraten. Um die Verletzungsgefahr bei diesem Prinzip zu verringern, wurden Wälzwagen entwickelt. Wenn Wälzwagen Transportfahrwerke haben, sind sie lenkbar.

4. **Waagrecht:**

a) Handwagen, welcher eine Ladefläche hat, die sich direkt über den Rollen befindet.
b) Wagen, der von Hand gezogen oder geschoben wird.
c) Wagen, dessen Plattform in der Höhe verstellbar ist.
d) Hilfsmittel, geeignet für den senkrechten Transport von Bauelementen.
e) Handwagen, dessen Aufbau einer Schubkarre ähnelt.

Senkrecht:

f) Hilfsmittel, geeignet zum Transport von Gasflaschen.
g) Hilfsmittel zum rollenden Transport von Rohren.
h) Andere Bezeichnung für Stechkarre.
i) Hilfsmittel, geeignet für den Transport von Schüttgütern.

> **TIPP**
> Umlaute Ä, Ö, Ü gelten als *ein* Buchstabe.

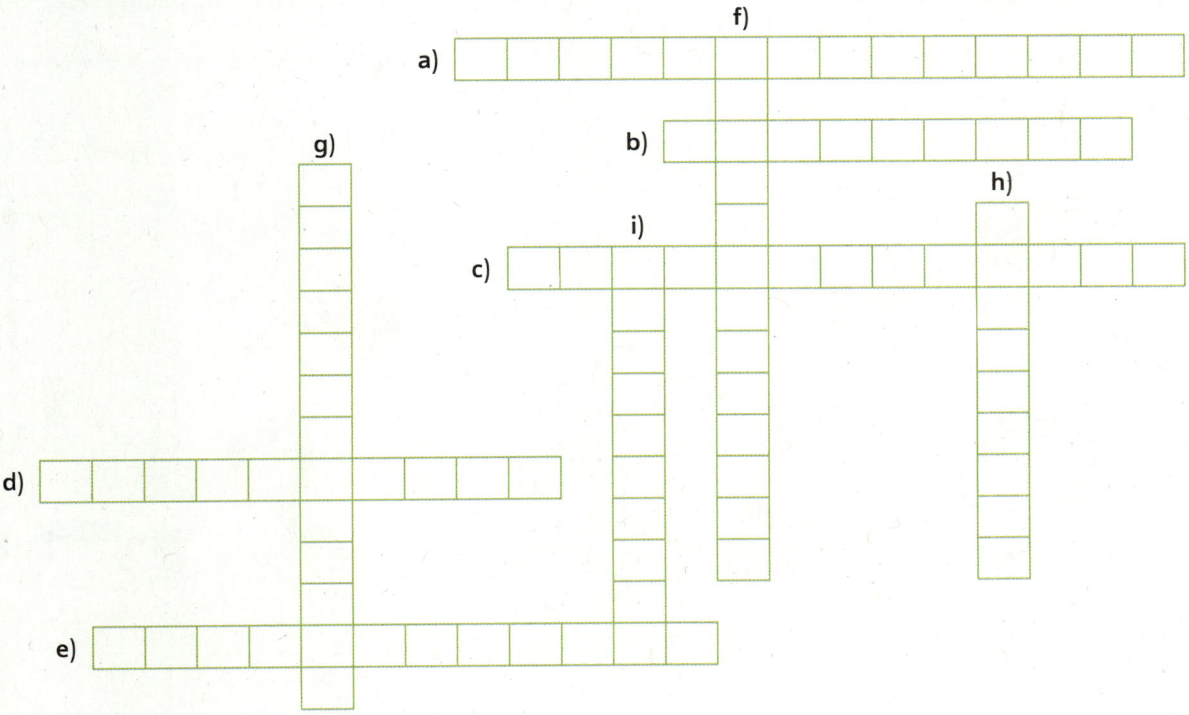

5. Ordnen Sie die Hilfsmittel den beschriebenen Lasten zu, indem Sie die entsprechende Nummer hinter den Beschreibungen eintragen. (Mehrfachnennung möglich!)

Hilfsmittel:

1 Handmagnete
2 Handsauggriffe
3 Tragegurte
4 Trageketten
5 Sackkarre
6 Schubkarre
7 Handgabelhubwagen
8 Tragklemmen

Lasten:

Holzplatten	☐	ein Bündel Abflussrohre	☐
Glasscheiben	☐	eine Palette mit Fliesen	☐
Gartenzaunelemente aus Metall	☐	ein Karton Tapeten	☐
Sandsäcke	☐	Blechtafeln	☐
loser Rindenmulch	☐	Waschmaschinen	☐

6. Ordnen Sie den Gegenständen ein geeignetes Hilfsmittel zum Handtransport zu, indem Sie die Nummer des Hilfsmittels hinter dem dazugehörenden Gegenstand eintragen. Jedes Hilfsmittel darf nur einmal verwendet werden. Benennen Sie anschließend das Hilfsmittel mit dem entsprechenden Fachbegriff.

Gegenstand	Hilfsmittel für Handtransport	Bezeichnung des Hilfsmittels
Gasflasche		
Stahlrohr		
Glasplatte		
Sand		
Metallplatte		
Heiße Metallplatte		
Klavier		
Betonklotz		
Postwannen		

[Einstieg]
[Erarbeitung]
[Training]
[Projekte]
[Lernsituation]

7. Beurteilen Sie, ob in den nachfolgenden Fällen richtig oder falsch gehoben und getragen wird.

Heben und Tragen

Trainingsaufgaben

1. Welche Pflichten hat der Arbeitgeber in Bezug auf Handtransporte?
2. Nennen Sie Gegebenheiten am Arbeitsplatz, die sich auf das manuelle Heben und Tragen von Lasten auswirken.
3. Nennen Sie drei persönliche Risikofaktoren zum richtigen Tragen und Heben.
4. Nennen Sie drei Verhaltensregeln beim Anheben und Absetzen von Lasten.
5. Nennen Sie drei Verhaltensregeln beim Heben und Tragen von Lasten.
6. Wie viele Kilogramm dürfen Schwangere gelegentlich heben und tragen?
7. Nennen Sie vier Maßnahmen zur Vorbeugung von Ermüdungserscheinungen beim Heben und Tragen von Lasten.
8. Nennen Sie drei Hilfsmittel für leichte Handtransporte.
9. Nennen Sie drei Hilfsmittel für das Heben und Tragen schwerer Lasten per Hand.
10. Nennen Sie drei handbetriebene Transportmittel.

[Einstieg]
[Erarbeitung]
[Training]
[Projekte]
[Lernsituation]

3 Fördermittel im Betrieb

Einstiegssituation: Planung des innerbetrieblichen Transports

Die Geschäfte der Schöner Wohnen GmbH laufen gut. Durch die zahlreichen Sortimentserweiterungen ist das bisherige Lager allerdings etwas beengt. Aus diesem Grunde soll ein neues Lagergebäude gebaut werden. Die Planungen bezüglich der Lagereinrichtung und der Lagerorganisation sind schon weit fortgeschritten, aber der innerbetriebliche Transport der Ware wurde bisher stark vernachlässigt. Der Lagerleiter Herr Schumann muss sich nun dieser Teilplanung widmen und fragt seine Mitarbeiterinnen und Mitarbeiter, ob sie ihm bestimmte Fördermittel empfehlen können.

1. Welche Fördermittel kennen Sie?
2. Es gibt eine Vielzahl unterschiedlicher Fördermittel. Worin unterscheiden sie sich?
3. Nicht alle Fördermittel eignen sich für den Einsatz in allen Bereichen. Welche Aspekte muss Herr Schumann berücksichtigen?

Die neue Lagerhalle der Schöner Wohnen GmbH

Erarbeitungsaufgaben

1. Benennen Sie die abgebildeten Stetigförderer.

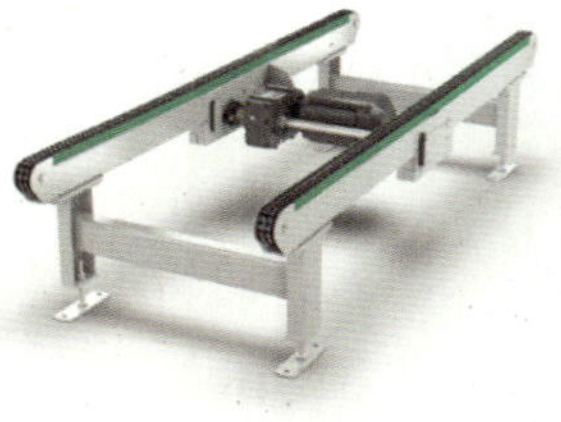

....

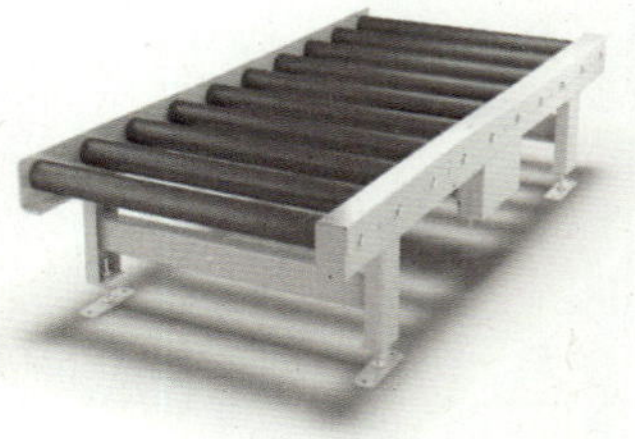

....

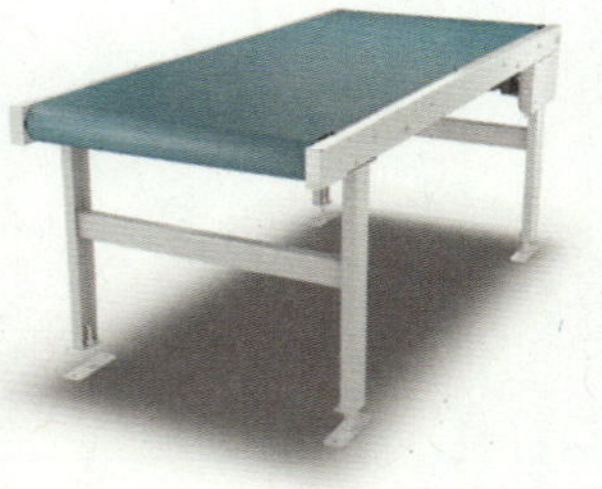

....

....

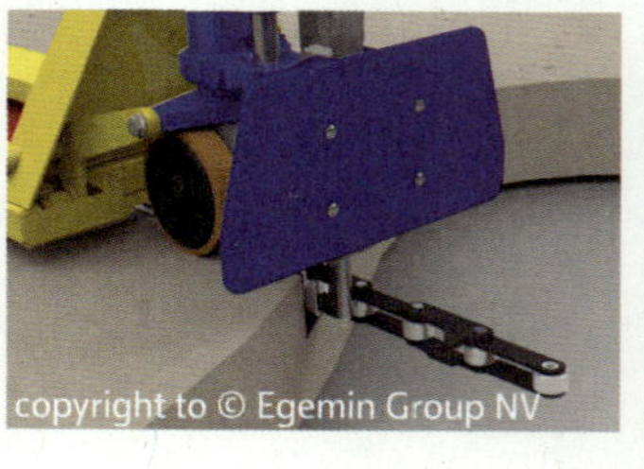

....

....

....

[Einstieg]
[Erarbeitung]
[Training]
[Projekte]
[Lernsituation]

2. Ordnen Sie den nachfolgenden Begriffen die entsprechende Stelle in der Abbildung zu, indem Sie die jeweilige Nummer zu den dazugehörigen Begriffen hinzufügen. Einigen Begriffen können mehrere Nummern zugeordnet werden.

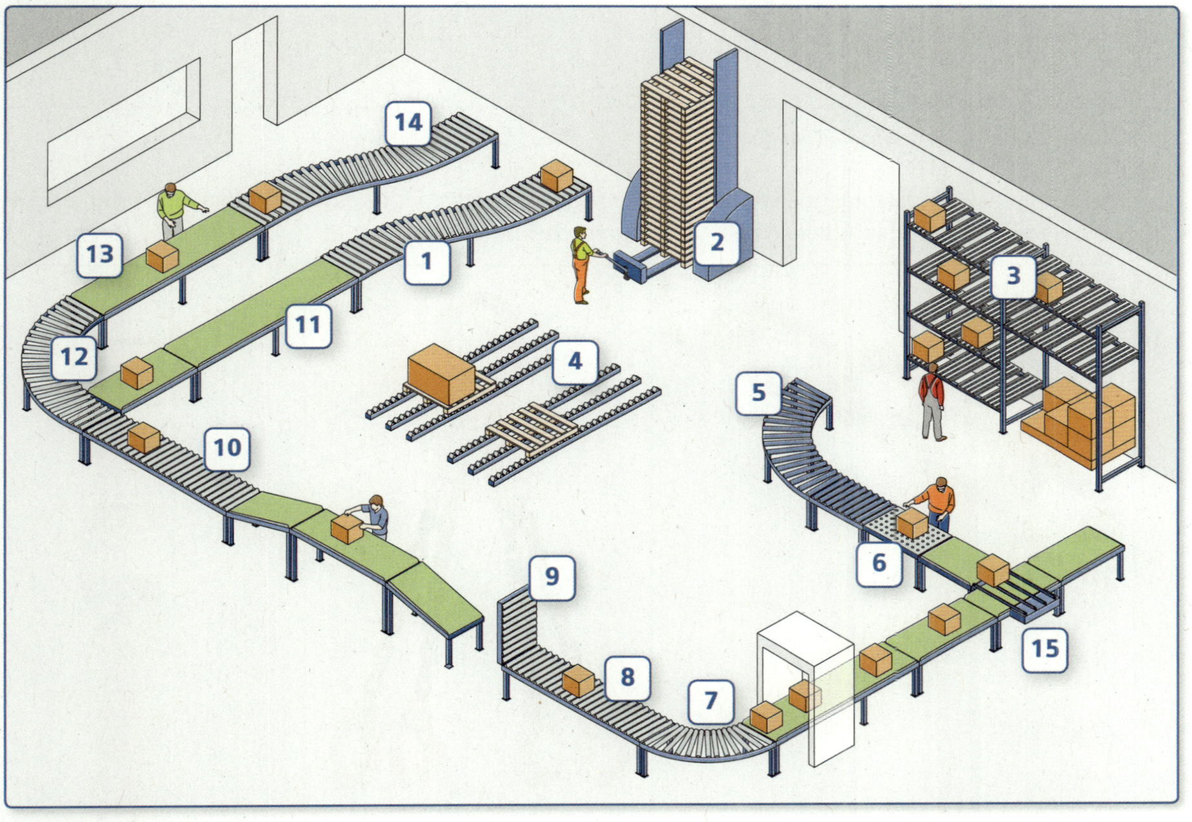

Transportsysteme

Scherenrollenbahn mit Antrieb	
Kunststoffrollenbahn	
Rollenbahn	
Rollenbahnkurve	
Rollenbahn-Hebetür	
Gurtförderer	

Verschiebewagen	
Palettenrollenbahn	
Kugelrollentisch	
Fachbodeneinschubregal	
Palettenstapler	

3. Zeichnen Sie das korrekte Anschlagen der Last.

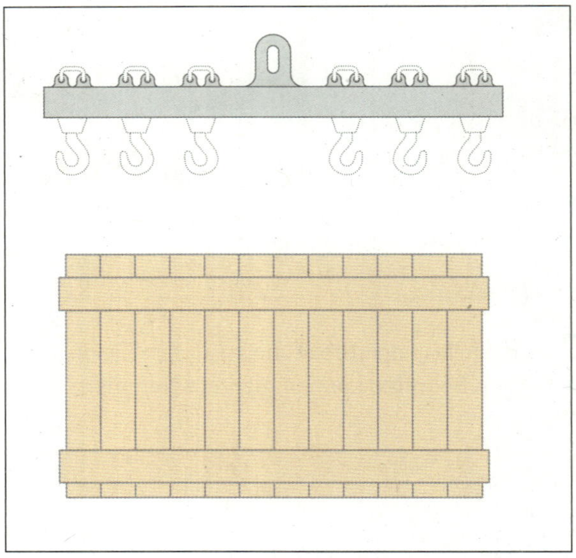

Vorschriftsmäßiges Anschlagen einer Kiste

4. Entscheiden Sie, ob die folgenden Anschlagmittel weiterhin verwendet werden dürfen. Wenn nicht, begründen Sie, welche Tatsache zum Ablegen des Anschlagmittels führt.

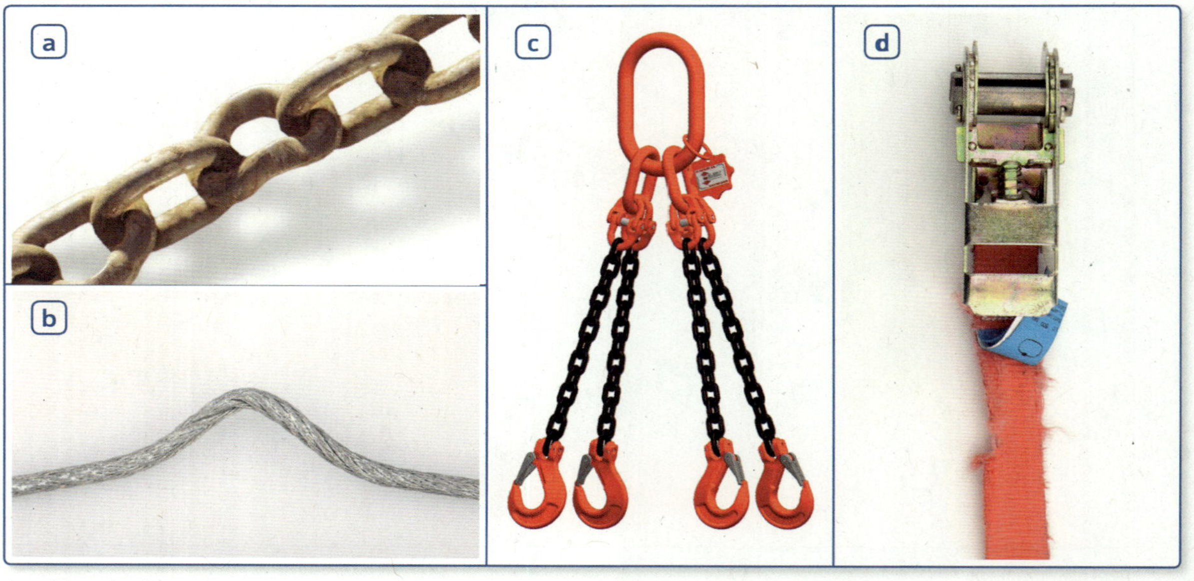

Anschlagmittel

....

....

....

....

[Einstieg]
[Erarbeitung]
[Training]
[Projekte]
[Lernsituation]

5. Sie möchten für die Entladung verschiedener Güter ein Stahlseil als Anschlagmittel verwenden. Bei der Entladung ist von einer gleichmäßigen Belastung der Stahlseile auszugehen. Ermitteln Sie für die nachfolgenden Güter die geeignete Seildicke.

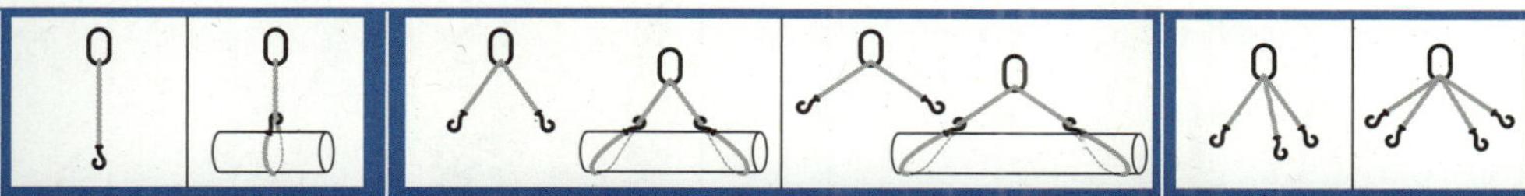

	1-strang		2-strang				3- und 4-strang	
Neigungswinkel β	0°		0°–45°		45°–60°		0°–45°	45°–60°
Seilnenn-ø mm	direkt	geschnürt	direkt	geschnürt	direkt	geschnürt	direkt	direkt
8	700	560	950	800	700	560	1450	1050
10	1000	800	1400	1100	1000	800	2100	1500
12	1500	1200	2100	1700	1500	1200	3200	2300
14	2000	1600	2800	2200	2000	1600	4200	3000
16	2700	2150	3800	3000	2700	2150	5700	4000
18	3150	2500	4400	3500	3150	2500	6600	4700
20	4000	3200	5600	4500	4000	3200	8400	6000
22	5000	4000	7000	5600	5000	4000	10500	7500
24	6300	5000	8800	7000	6300	5000	13200	9400
26	7000	5600	9800	7800	7000	5600	14700	10500
28	8000	6400	11200	9000	8000	6400	16800	12000
32	11000	8800	15400	12300	11000	8800	23000	16500
36	14000	11200	19000	15700	14000	11200	29000	21000
40	17000	13600	23500	19000	17000	13600	36000	26000
44	21000	16800	29000	23500	21000	16800	44000	31500
48	25000	20000	35000	28000	25000	20000	52000	37000

Belastungstabelle für Anschlagemittel aus Stahldrahtseilen

a) Holzkiste, die an vier Punkten angeschlagen wird, Neigungswinkel ß = 50°, Gewicht: 5000 kg

....

b) Ein Kanalrohr, das an einem Strang geschnürt wurde, Gewicht: 1600 kg

....

c) Maschinenbauteile, die an zwei Punkten direkt angeschlagen werden, Neigungswinkel ß = 38°, Gewicht: 19000 kg

....

d) Gitterbox, die direkt an vier Punkten angeschlagen wird, Neigungswinkel ß = 55°; Gewicht: 4000 kg

....

6. Welche Förderzeuge sind in den folgenden Abbildungen dargestellt?

7. Ordnen Sie die Gabelstaplerarten den Einsatzbereichen zu, indem Sie die entsprechenden Nummern hinter den Einsatzbereichen eintragen (jede Staplerart kommt genau einmal vor.)

Gabelstaplerarten:	Einsatzbereich:	
1 Ex-geschützter Stapler	Halboffenes Lager	☐
2 Elektrostapler	Palettenregallager	☐
3 Seitsitzstapler	Ausladen von Verschlägen mit Steinen im Außenbereich	☐
4 Dreirädriger Stapler	Regallager mit Schmalgassen	☐
5 Treibgasstapler	Einfahrregal 12 m hoch	☐
6 Benzinstapler	Geschlossener Verladebereich im Warenausgang	☐
7 Hochregalstapler	Gefahrstofflager	☐

[Einstieg]
[Erarbeitung]
[Training]
[Projekte]
[Lernsituation]

8. Benennen Sie die folgenden Anbaugeräte für Gabelstapler.

a) ....

b) ....

c) ....

9. Nennen Sie geeignete Anbaugeräte für den Transport folgender Waren mit einem Gabelstapler.

Waren	Gabelstapler-Anbaugeräte
a) Papierrollen	
b) Überlange Paletten	
c) Sand	
d) Rigipsplatten (2,50 m × 1,20 m)	
e) Teppichrollen	

10. Ein Gabelstapler besteht aus verschiedenen Bauteilen. Ordnen Sie den genannten Bauteilen die entsprechenden Nummern aus der Abbildung zu.

Gabelstapler und seine Bauteile

Bauteile:	**Nr.**
Fahrerschutzdach	☐
Fahrersitz	☐
Gabelträger	☐
Gabelzinken	☐
Gegengewicht	☐
Hubgerüst/Hubrahmen	☐
Lastkette	☐
Lastschutzgitter	☐
Motorhaube	☐
Räder	☐
Rahmen	☐

11. Bringen Sie die folgenden Arbeitsschritte beim Abstellen des Staplers in die richtige Reihenfolge, indem Sie die Ziffern 1 bis 5 in die Kästchen hinter den Arbeitsschritten eintragen.

Schlüssel abziehen	☐
Gabeln auf den Boden absenken	☐
Feststellbremse anziehen	☐
Geeigneten Abstellplatz auswählen	☐
Stapler einparken	☐

[Einstieg]
[Erarbeitung]
[Training]
[Projekte]
[Lernsituation]

12. Welcher Gabelstapler fährt an einer Steigung bzw. in einem Gefälle falsch? Begründen Sie Ihre Entscheidung.

Richtiges Fahren will gelernt sein!

....

....

13. In welchen Abbildungen parkt der Gabelstapler falsch und in welchen richtig? Begründen Sie Ihre Entscheidung.

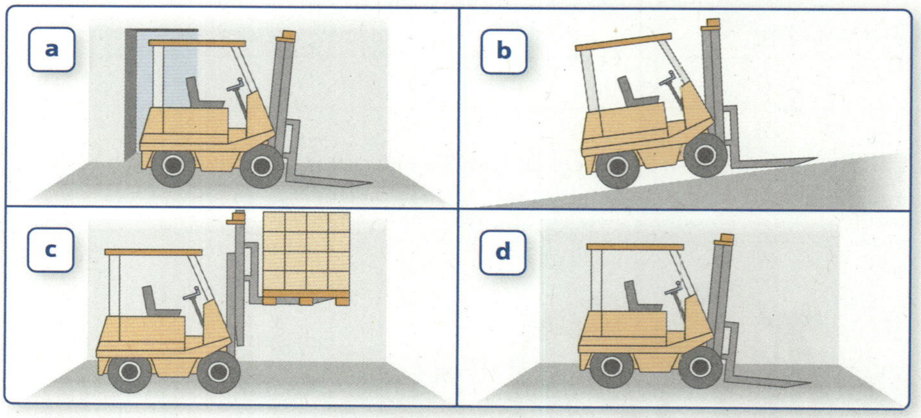

Parken, aber richtig!

....

....

....

....

....

....

14. Worauf ist beim Befahren von Ladebrücken zu achten? Kreuzen Sie die richtigen Antworten an.

a) Eine Ladebrücke darf nur rückwärts befahren werden. ☐
b) Das Befahren von Anhängern bzw. Lkw-Ladeflächen mit einem Stapler ist grundsätzlich verboten. ☐
c) Der Lkw bzw. der Anhänger muss gegen Wegrollen gesichert sein. ☐
d) Es ist gar nichts zu beachten. ☐
e) Die Tragfähigkeit der Ladebrücke und des Lkw bzw. des Anhängers muss vorher geprüft werden. ☐

15. Ein Staplerfahrer erhält den Auftrag, eine Vollwandpalette zu stapeln. Bringen Sie die Abbildungen in die richtige Reihenfolge, indem Sie die Abbildungen entsprechend nummerieren.

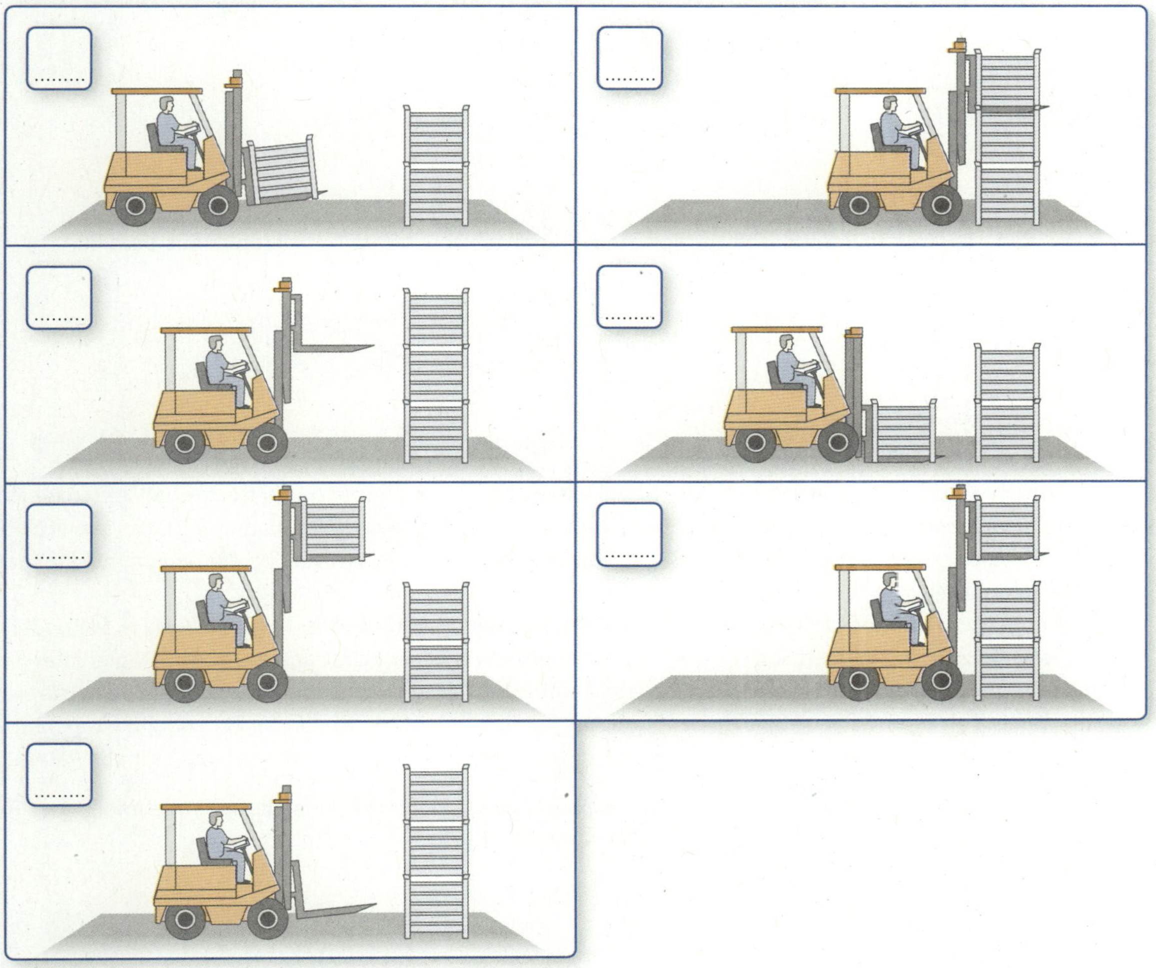

Richtiges Stapeln

16. Entscheiden Sie, ob die folgenden Aussagen richtig (R) oder falsch (F) sind. Korrigieren Sie die falschen Aussagen in Ihrem Arbeitsheft.

a) Der Fahrer eines Gabelstaplers muss einen Pkw-Führerschein besitzen. ☐

b) Vor jedem Fahrtantritt hat der Fahrer die Funktionstüchtigkeit des Hubmastes, der Bremsen und der Warneinrichtungen zu prüfen. ☐

c) Der Fahrer muss bei der Lastaufnahme den Zustand des Ladungsträgers und der Last prüfen. ☐

d) Beim Abstellen eines Gabelstaplers ist nur darauf zu achten, dass die Gabelzinken auf den Boden abgesenkt werden. ☐

e) Ein Gabelstapler muss mindestens zweimal pro Jahr vom TÜV überprüft werden. ☐

f) Die Verkehrswege, auf denen Gabelstapler fahren, müssen eine ausreichende Tragfähigkeit, eine ausreichende Breite und eine ausreichende Beleuchtung und Kennzeichnung aufweisen. ☐

17. Beschreiben Sie, wie Sie sich in den folgenden Situationen korrekt verhalten.

a) Sie stellen bei der Sichtprüfung einen Ölverlust in der Hydraulik fest.

....

....

[Einstieg]
[Erarbeitung]
[Training]
[Projekte]
[Lernsituation]

b) Sie stellen fest, dass die Gabel am Gabelstapler verbogen ist.

....

c) Sie beschädigen eine Gitterboxpalette mit Ware.

....

....

d) Ihnen fällt eine Palette mit Hundefutterdosen beim Auslagern mit dem Gabelstapler aus dem Regal.

....

....

....

18. Die Schöner Wohnen GmbH möchte auf der Strecke zwischen Wareneingang und Hochregallager in neue Fördermittel investieren. Herr Schumann und Frau Steffens überlegen, eine Rollenbahn als Zubringerverbindung zum Hochregallager einzubauen. Bevor in diese Technik investiert wird, versuchen die beiden, die Einsparpotenziale zu ermitteln:
Bisher benötigte ein Gabelstaplerfahrer für das Aufnehmen und Absetzen einer Palette jeweils 15 Sekunden. Die Gesamtstrecke zwischen Wareneingang und I-Punkt des Hochregallagers beträgt 200 m. Ein Stapler fährt durchschnittlich 6 km/h. Um die gegenwärtigen Transportaufträge abarbeiten zu können, werden 12 Gabelstapler mit 18 Mitarbeitern im Zwei-Schicht-Betrieb benötigt. Auf der Hälfte der Strecke soll die Rollenbahn eingebaut werden. Bisher sind in der ersten Schicht – im Gegensatz zur zweiten Schicht – alle Gabelstapler im Einsatz.

a) Ermitteln Sie, wie lange ein Gabelstaplerfahrer bisher benötigte, um eine Palette aufzunehmen, am I-Punkt abzugeben und zurück zum Wareneingang zu kommen.

....

....

....

....

....

b) Ermitteln Sie, wie viele Paletten pro Tag bisher transportiert wurden, wenn jeder Mitarbeiter eine 7-h-Lenkzeit hat. Die transportierte Palettenmenge ist immer auf eine ganze Zahl abzurunden.

....

....

....

....

....

....

....

[Einstieg]
[Erarbeitung]
[Training]
[Projekte]
[Lernsituation]

c) Ermitteln Sie, wie lange ein Gabelstaplerfahrer benötigen würde, um die Palette aufzunehmen, an die Rollenbahn zu übergeben und zurück zum Wareneingangsbereich zu kommen.

d) Ermitteln Sie die Anzahl an Mitarbeitern, die nun benötigt werden, um die Transportaufträge abzuarbeiten.

e) Ermitteln Sie, wie viele Gabelstapler zum Transport der Paletten benötigt werden, wenn die Rollenbahn auf der Hälfte der Strecke die Paletten übernimmt. Angestrebt wird eine gleichmäßige Verteilung der Arbeitsleistung im Zwei-Schicht-Betrieb.

19. Fördermittel können in verschiedene Kategorien eingeteilt werden. Ordnen Sie die Fördermittel den Kategorien zu, indem Sie die entsprechende Nummer hinter den Fördermitteln eintragen.

Kategorie:	**Fördermittel:**		Hebebühne	☐
1 Stetigförderer	Wendelrutsche	☐	Deckenkran	☐
2 Flurförderzeug	Gabelstapler	☐	Magnete	☐
3 Hebezeug	Gurtförderer	☐	Schlepper	☐
4 Anschlagmittel	Traverse	☐	Portalkran	☐
	Aufzug	☐	Regalbediengerät	☐
	Elektrohängebahn	☐	Rollenbahnen	☐
	Fahrerlose Transportsysteme	☐	Handgabelhubwagen	☐
	Power & Free Systeme	☐	Greifer	☐

20. Auf welcher Abbildung ist der Lastschwerpunkt am größten? Kreuzen Sie an.

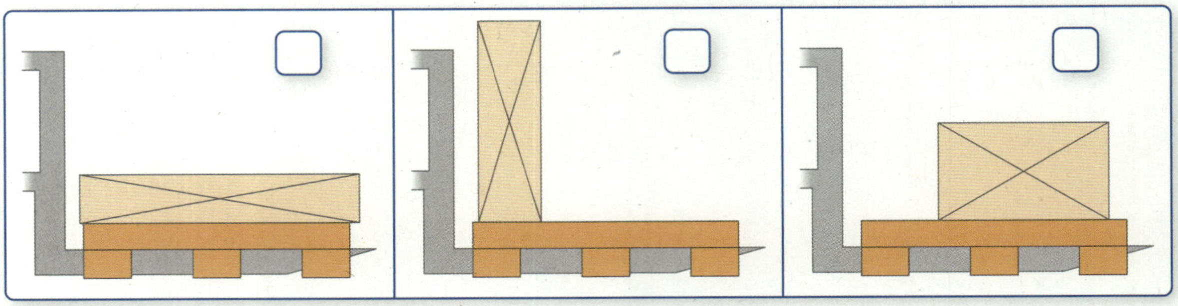

Lastschwerpunkte

21. An einem Gabelstapler befindet sich das abgebildete Tragfähigkeitsdiagramm.

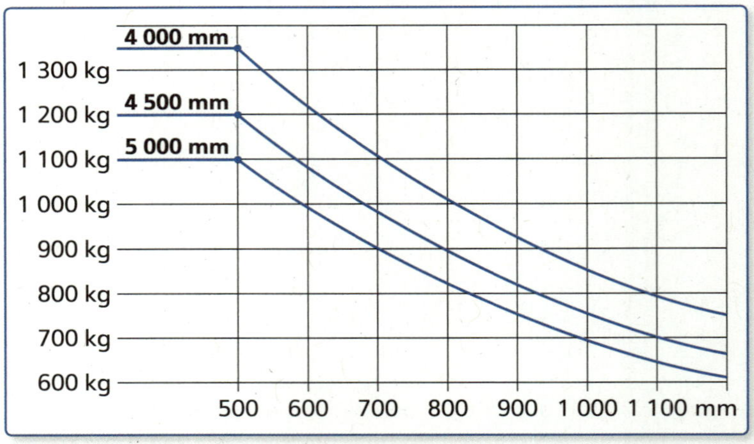

Tragfähigkeitsdiagramm

Prüfen Sie, ob folgende Lasten aufgenommen werden dürfen:

a) Eine Kiste mit den Maßen 100 cm x 100 cm, Gewicht 1000 kg, Schwerpunkt mittig, soll in ein Regal auf 5 m Höhe eingelagert werden.

....

b) Eine beladene Palette mit den Maßen 1400 mm x 1400 mm, Gewicht 1300 kg, Schwerpunkt mittig, soll in ein Regal auf 5 m Höhe eingelagert werden.

....

....

c) Eine beladene Europalette, Gewicht 1200 kg, Schwerpunkt mittig, soll in ein Palettenregal auf einem Fachboden in 4,5 m Höhe abgesetzt werden.

....

....

22. Sie erhalten den Auftrag, eine Kiste mit einem Gewicht von 1000 kg auf einen Lkw zu verladen. Sie benutzen ein Zusatzgerät mit einem Eigengewicht von 500 kg. Der Gesamtschwerpunkt der Ladung liegt bei 900 mm. Darf die Kiste mit dem Stapler transportiert werden?

[Einstieg]
[Erarbeitung]
[Training]
[Projekte]
[Lernsituation]

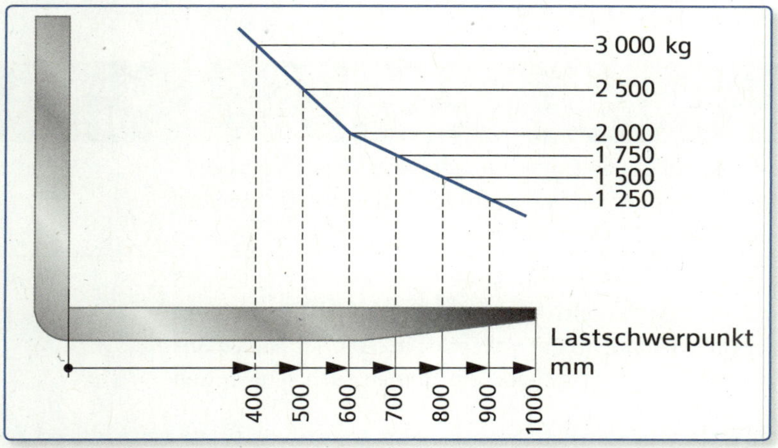

Tragfähigkeitsdiagramm

....

....

....

....

23. Entscheiden Sie sich für einen der beiden fett gedruckten Begriffe, sodass die Aussage korrekt ist.

a) An einem Gabelstapler **muss / kann** ein Fabrikschild angebracht sein.

b) Gabelstapler mit einer Hubhöhe von weniger als 1,80 m müssen **ein / kein** Fahrerschutzdach haben.

c) Gabelstapler, die überwiegend im Innenbereich eingesetzt werden, müssen **eine / keine** Klimaanlage haben.

d) Einen Gabelstapler darf nur diejenige Person fahren, die in der Handhabung **unterwiesen / ausgewiesen** wurde.

e) Beim Fahren sind die Gabelzinken **auf jeden Fall / auf keinen Fall** nur so weit vom Boden anzuheben, dass ein gefahrloser Transport möglich ist.

f) Personen dürfen **auch ohne / nur mit** entsprechender Mitfahrereinrichtung befördert werden.

g) Für den Einsatz von Kran und Gabelstapler muss der Arbeitgeber **eine / keine** Betriebsanweisung erstellen.

h) Lasten dürfen **immer / auf keinen Fall** über Personen hinweg geführt werden.

i) Bei von Hand angeschlagenen Lasten muss der Kranführer auf ein Zeichen **des Anschlägers / des Sachkundigen** warten.

j) Krane, Gabelstapler und Aufzüge müssen **jährlich / täglich** durch einen Sachkundigen überprüft werden.

24. Entscheiden Sie, welche der folgenden Aussagen richtig (R) und welche falsch (F) sind. Korrigieren Sie die falschen Aussagen in Ihrem Arbeitsheft.

a) Gabelstapler und Kettenförderer eignen sich für den außerbetrieblichen Transport. ☐

b) Durch den optimalen Fördermitteleinsatz erreicht man kurze Beförderungszeiten. ☐

c) Stetigförderer eignen sich als Pufferlager. ☐

d) Gemäß den Vorschriften des betrieblichen Arbeitsschutzes muss die Sicherheitsfachkraft des Betriebes in regelmäßigen Abständen stationäre Aufzugsanlagen auf ihre sichere Betriebsbereitschaft prüfen. ☐

e) Der Einsatz von Rollenbahnen führt zur Erhöhung der Flexibilität des Materialflusses. ☐

f) Kettenförderer und Handhubwagen sind der alljährlichen Kontrolle zu unterziehen. ☐

g) Fahrerlose Transportsysteme sind besonders geeignet für den Transport von Gütern auf gleichbleibend geführten Förderstrecken. ☐

[Einstieg]
[Erarbeitung]
[Training]
[Projekte]
[Lernsituation]

25. Welches Wort (Oberbegriff oder Fördermittel) ist gesucht?

Beschreibung	Gesuchtes Wort
a) Es sind fest installierte Fördermittel, auf denen Güter durchgehend transportiert werden. Der Transport kann dabei ständig oder taktweise erfolgen. Sie werden benutzt, wenn große Stückzahlen an Gütern befördert werden müssen.	
b) Diese Fördermittel sind zumeist motorisierte Stahlkonstruktionen zum Anheben und Befördern von Gütern. Sie sind die im Lagerbereich am häufigsten eingesetzten Hebezeuge. Sie sind entweder an der Hallenwand, an der Hallendecke oder auf Säulen angebaut. Dadurch benötigen sie in der Regel wenig Platz und können auch in niedrigen Gebäuden genutzt werden.	
c) Sie werden genutzt, um Paletten oder Kisten zu transportieren. Die Last wird durch Schieben oder Ziehen des Fördermittels bewegt. Da die Lasten nur wenige Zentimeter angehoben werden können, dient dieses Fördermittel nicht zum Stapeln von Lasten.	
d) Dieses Fördermittel ist ein Stetigförderer, das vor allem Schüttgut von unten nach oben transportiert. Es besteht aus mehreren Behältern, die an Ketten oder Gurten angebracht sind. Unten nehmen die Behälter das Schüttgut auf, dann bewegen sie sich nach oben und kippen an der höchsten Stelle das Schüttgut in einen dafür vorgesehenen Schacht. Die leeren Behälter bewegen sich wieder nach unten und der Kreislauf beginnt von Neuem.	
e) Diese Fördermittel gehören zu den Stetigförderern. Sie sind eine Sonderform der Kreisförderer und bestehen aus zwei übereinander gelagerten Schienen. In der oberen Schiene liegt und läuft die Zugkette. In der unteren Schiene laufen die Gehänge. Durch eine spezielle Technik können die Hänger ein- und ausgeklinkt werden. Dadurch ist es möglich, die Hänger anzuhalten, zu stauen, zu sortieren und zusammenzuführen. Die Hänger können auch in andere Transportsysteme wechseln.	
f) Sie können Lasten bis zu 2000 kg befördern. Personen dürfen nicht befördert werden. Zum Be- und Entladen dürfen diese Fördermittel jedoch von Personen betreten werden. Diese Fördermittel eignen sich, um Güter drei Etagen oder zwölf Höhenmeter zu transportieren.	
g) Diese Fördermittel werden auch als Zugmaschinen bezeichnet. Sie haben keine Ladefläche. Stattdessen können sie einen oder mehrere Anhänger ziehen, auf denen die Lasten transportiert werden. Sie werden im Stehen oder Sitzen gelenkt.	
h) Diese Fördermittel sind die im Lager am häufigsten eingesetzten maschinellen Flurförderzeuge. Sie transportieren und stapeln auf Paletten gelagerte Lasten. Dazu werden die Paletten mittels der Gabeln angehoben.	
i) Bei diesem Fördermittel werden die Güter über hintereinanderliegende Rollen bewegt. Durch die Drehung der Rollen werden die Güter transportiert. Die Drehung der Rollen entsteht dabei durch die Schwerkraft der Güter oder durch einen Antrieb.	
j) Diese Fördermittel sind soweit automatisiert, dass das Beladen, Transportieren und Entladen ohne einen steuernden Menschen funktioniert. Sie benötigen einen Fahrweg und sind somit flurgebunden. Sie fahren automatisch, benötigen dazu aber eine Leitsteuerung, die das Fördermittel lenkt.	
k) Dieses Fördermittel besteht aus einer Stahlkonstruktion, die den Arbeitsbereich überspannt. Es hat dabei Ähnlichkeit mit einem Tor. Das Fördermittel läuft auf Schienen oder auch auf Rollen. Dadurch lässt es sich leicht bewegen. Die Bewegung kann dabei von Hand oder durch einen maschinellen Antrieb erfolgen. Es wird im Freien oder in Hallen eingesetzt und kann auch schwere Lasten heben.	

[Einstieg]
[Erarbeitung]
[Training]
[Projekte]
[Lernsituation]

Trainingsaufgaben

1. Nennen Sie drei Kriterien, die für die Auswahl des geeigneten Fördermittels wichtig sind.
2. Nennen Sie drei Merkmale eines optimalen Fördermitteleinsatzes.
3. Unterscheiden Sie Stetig- und Unstetigförderer.
4. Erklären Sie, was man unter einem flurgebundenen Fördermittel versteht.
5. Erklären Sie, was man unter einem flurfreien Fördermittel versteht.
6. Nennen Sie drei Vorteile von Stetigförderern.
7. Nennen Sie drei Nachteile von Stetigförderern.
8. Nennen Sie zwei Hebezeuge.
9. Nennen Sie drei Kriterien, die bei Anschlagmitteln zu prüfen sind.
10. Anschlagmittel sind jährlich zu prüfen. Wer führt diese Prüfung durch?
11. Nennen Sie drei Kennzeichnungselemente eines Anschlagmittels.
12. Nennen Sie drei Vorteile von Hebezeugen.
13. Nennen Sie zwei Nachteile von Hebezeugen.
14. Wofür steht die Abkürzung „FTS“?
15. Nennen Sie drei Vorteile von fahrerlosen Transportsystemen.
16. Nennen Sie drei Nachteile von fahrerlosen Transportsystemen.
17. Nennen Sie drei Sichtprüfungsinhalte vor der täglichen Inbetriebnahme von Flurförderzeugen.
18. Nennen Sie drei Funktionsprüfungen, die nach der Sichtprüfung täglich durchzuführen sind.
19. Nennen Sie drei Verhaltensregeln beim Beladen eines Flurförderzeuges.
20. Nennen Sie drei Fahrregeln für Flurförderzeuge.
21. Nennen Sie die vier Voraussetzungen für das Führen von Gabelstaplern.

4 Lagerhilfsmittel

Einstiegssituation: Kletterexperiment

Im Lagerbüro der FLEXI-Transporte und Logistikdienstleistungen KG suchen Jens Petersen und Karola Hansen einen Beleg.

Karola: Weißt du, wo wir die Kaufbelege für die Lagerhilfsmittel abgeheftet haben? Ich suche die Rechnung für die Umreifungsmaschine. Herr Wieschnewski wollte wissen, ob wir für das Gerät noch Garantie haben.

Jens: Was ist denn mit der Maschine?

Karola: Sie schneidet bei dem dickeren Kunststoffband nicht mehr sauber ab, manchmal funktioniert sie auch gar nicht. Weißt du nicht, wo die Belege sind?

Jens: Ich glaube, der Ordner ist ganz oben auf dem Regal, die Nummer zwei. Da kommst du aber wahrscheinlich nicht ran.

Karola: Kannst du es mal versuchen, du hast längere Arme als ich.

Gefährliches Kletterexperiment

Jens: Nee. Zu hoch. Aber wenn du den Bürostuhl festhältst, kann ich da drauf steigen und komme so an den Ordner.

1. Wie beurteilen Sie den Vorschlag von Jens, um das oberste Fach des Regals zu erreichen?
2. Welche Lagerhilfsmittel wären eine bessere Alternative?
3. Neben den Aufstiegshilfen gibt es noch weitere Lagerhilfsmittel, die insbesondere den Transport und die Lagerung von Waren erleichtern. Welche Lagerhilfsmittel kennen Sie bzw. werden in Ihrem Ausbildungsbetrieb verwendet?

[Einstieg]
[Erarbeitung]
[Training]
[Projekte]
[Lernsituation]

Erarbeitungsaufgaben

1. Finden Sie in dem Suchbild elf verschiedene Ursachen für Leiterunfälle und notieren Sie diese in Ihrem Arbeitsheft.

[Einstieg]
[Erarbeitung]
[Training]
[Projekte]
[Lernsituation]

① ……………………………………………………

② ……………………………………………………

③ ……………………………………………………

④ ……………………………………………………

⑤ ……………………………………………………

⑥ ……………………………………………………

⑦ ……………………………………………………

⑧ ……………………………………………………

⑨ ……………………………………………………

⑩ ……………………………………………………

⑪ ……………………………………………………

2. Entscheiden Sie, ob die folgenden Beispiele zur Nutzung von Leitern und Tritten sachgemäß sind. Kreuzen Sie an.

Nutzungsbeispiele	sach-gemäß	unsach-gemäß
a) Die Leiter wird auf einem Untergrund mit 2 % Neigung angestellt.		
b) Die Sekretärin aus der Buchhaltung steigt mit ihren Stöckelschuhen auf die Leiter, um aus dem obersten Fach neue Ordner herauszuholen.		
c) Ein Mitarbeiter verbietet seinen Kollegen, ebenfalls auf die Leiter zu steigen, auf der er gerade steht.		
d) Es wird darauf geachtet, dass die Arbeiten in 2 m Höhe nicht länger als eine Stunde dauern.		
e) Die Anlegeleiter wird in einem Winkel von 60° angelegt.		
f) Die obersten drei Sprossen werden auf der Anlegeleiter aus Sicherheitsgründen nicht betreten.		
g) Die Stehleiter wird gelegentlich als Anlegeleiter verwendet.		
h) Das Betätigen der Feststellbremse bei fahrbaren Stehleitern erfolgt routinemäßig.		
i) Der Unternehmer hängt ca. sechs Monate nach der Neuanschaffung einer Leiter an passender Stelle eine Betriebsanweisung für die sicherheitsgerechte Benutzung auf. Nach kurzer Zeit wird die Betriebsanweisung wieder entfernt.		

3. Ergänzen Sie den Text, indem Sie die folgenden Begriffe in die Lücken schreiben.

Transport	regelmäßigen	Mehrwegbehälter	Sicherheitsmaßnahmen
ordnungsgemäßen	Förderhilfsmittel	Leitern	Lagerhilfsgeräte
Zählwaagen	Schutz	Umreifungsmaschinen	Abladen
Cuttermesser	Auspacken	leichtere Lagerarbeit	Kisten

Lagerhilfsmittel verwendet man, um einerseits den .... und andererseits die Lagerung von Waren zu ermöglichen. Paletten und Gitterboxen sind ...., die das Auf- und .... der Ware erleichtern und den .... der Ware gewährleisten. Erst durch das Verpacken von Fußbällen in .... werden sie lagerfähig, d.h. stapelbar. Die Verwendung genormter .... können die Kosten enorm senken. Neben den Förderhilfsmitteln zählen ebenso die .... zu den Lagerhilfsmitteln. Sie ermöglichen eine effektive und .... So helfen .... beim Wiegen und Zählen, ... beim .... und .... beim Verpacken. Hilfreich sind im Lager auch .... und Tritte, bei deren Benutzung besondere .... zu beachten sind. In .... Abständen sind sie auf ihren .... Zustand zu überprüfen.

Trainingsaufgaben

1. Nennen Sie drei Aufgaben von Förderhilfsmitteln.
2. Nennen Sie die drei Aufgaben der Lagerhilfsgeräte.
3. Nennen Sie die Anlässe für eine Zustandsprüfung von Leitern.
4. Wie hoch dürfen Tritte maximal sein?
5. Wie stelle ich fest, ob eine Anlegeleiter korrekt angelehnt ist?

5 Verhalten bei Unfällen

Einstiegssituation: Handverletzung bei der Warenkontrolle

Pascal Riehm und sein Kollege Kevin Schneider arbeiten in der Warenannahme der Speedbike GmbH & Co KG. Sie öffnen mit einem Cuttermesser die angelieferten Kartons, um eine Warenkontrolle durchführen zu können. Durch eine Unachtsamkeit verletzt sich Kevin an der Hand. Er blutet sehr stark und schreit.

1. Wie würden Sie an Pascals Stelle reagieren?
2. Wem würden Sie diesen Unfall melden?
3. Wer zahlt die ärztliche Behandlung von Kevin?

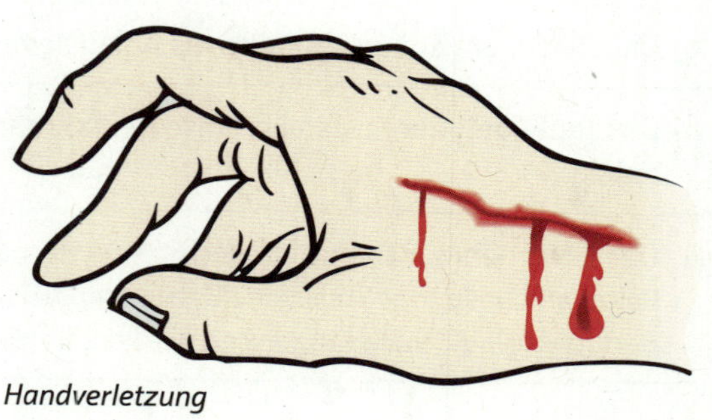

Handverletzung

[Einstieg]
[Erarbeitung]
[Training]
[Projekte]
[Lernsituation]

Erarbeitungsaufgaben

1. Sie sollen die stabile Seitenlage durchführen. Bringen Sie die folgenden Abbildungen in die richtige Reihenfolge, indem Sie die Abbildungen entsprechend nummerieren.

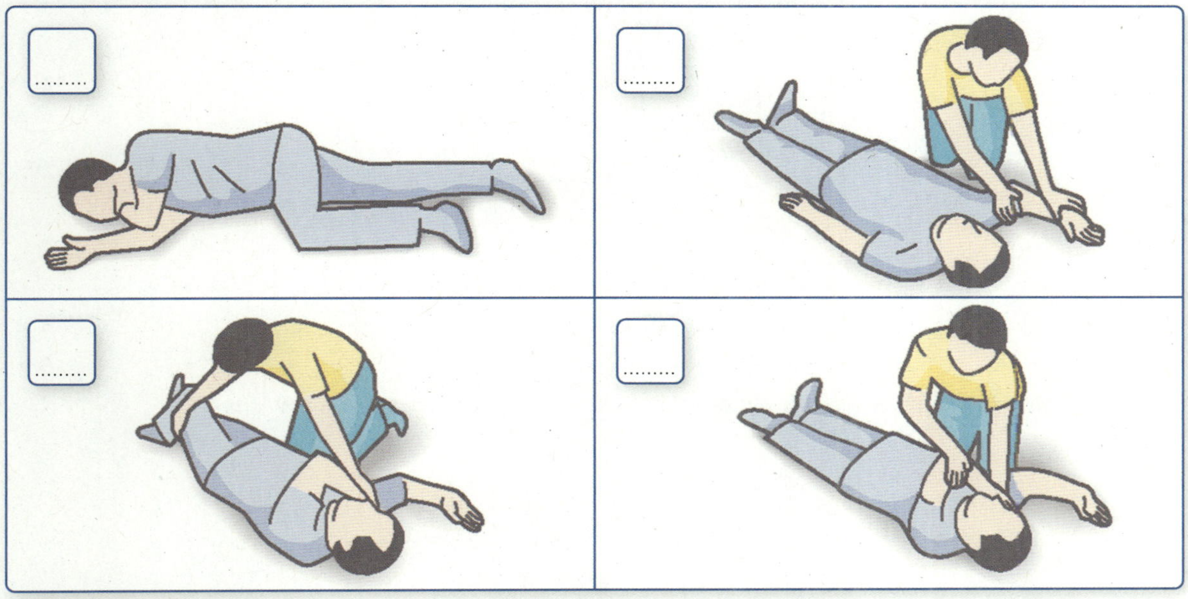

Stabile Seitenlage

2. Zeichnen Sie die folgenden Rettungszeichen.

Augenspüleinrichtung	Erste Hilfe	Notdusche	Sammelstelle

3. Auf dem Weg zur Berufsschule sehen Sie in der Schulstraße den folgenden Unfall: Eine Inline-Skaterin (ca. 20 Jahre) ist gestürzt und liegt bewusstlos am Boden. Formulieren Sie den Notruf.

....

....

....

....

....

....

4. Beschreiben Sie, wie Sie in den folgenden Situationen vorgehen.

a) Sie fahren auf der Autobahn und sehen, dass sich auf Ihrer Fahrspur gerade ein Unfall ereignet hat, in den mehrere Fahrzeuge verwickelt sind.

....

....

....

....

....

....

b) Ihr Kollege hat sich verletzt. Er blutet sehr stark aus einer offenen Wunde am Arm.

....

....

....

....

....

....

5. Beschriften Sie die Glieder der Rettungskette.

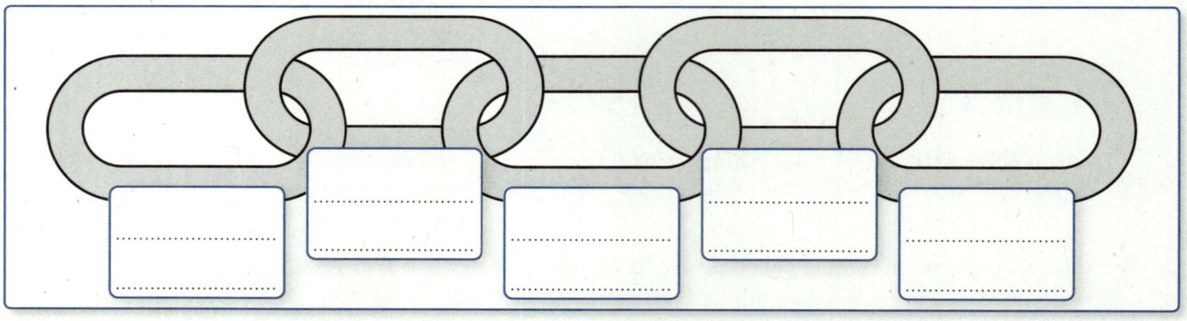

Trainingsaufgaben

[Einstieg]
[Erarbeitung]
[Training]
[Projekte]
[Lernsituation]

1. Wie viele ausgebildete Ersthelfer benötigt ein Produktionsunternehmen mit 100 Mitarbeitern?
2. Wem muss ein Arbeitsunfall unmittelbar gemeldet werden?
3. Nennen Sie die fünf Ws eines Erste-Hilfe-Notrufs.
4. Nennen Sie die Beteiligten der Rettungskette.
5. Jede durchgeführte Erste Hilfe ist zu dokumentieren. Wo hat die Aufzeichnung zu erfolgen?
6. Nennen Sie drei Angaben, die zur Dokumentation eines Unfalls im Verbandbuch festzuhalten sind.
7. Wann ist eine Unfallanzeige auszufüllen?
8. In welcher Frist ist die Unfallanzeige wem vorzulegen?

Projekte und Aktionen

[1] **Handtransporte**

Erstellen Sie eine Präsentation (PowerPoint-Präsentation, Collage, Bericht usw.) zum Thema „Handtransport". Berichten Sie unter anderem über folgende Punkte aus Ihrem Ausbildungsbetrieb:

- In welchen Situationen kommt es vor, dass Sie Waren/Lasten per Hand heben und tragen müssen?
- Welche Hilfsmittel stehen Ihnen an Ihrem Arbeitsplatz für Handtransporte zur Verfügung?
- Welche technischen Hilfsmittel gibt es in Ihrem Ausbildungsbetrieb, die beim Heben und Tragen für Erleichterung sorgen?
- Gibt es für jeden Arbeitsplatz solche Hilfsmittel?
- Aus welchen Informationen bestand die Einweisung in den richtigen und vorschriftsgemäßen Gebrauch dieser Hilfsmittel?
- Welche persönliche Schutzausrüstung muss getragen werden, wenn technische Hilfsmittel für das Heben und Tragen verwendet werden?

Handtransport

- Welche persönlichen Erfahrungen haben Sie beim Heben und Tragen schon selbst gemacht?
- Welche Gefahren lauern in Ihrem Ausbildungsbetrieb beim Heben und Tragen?

[2] **Hebezeuge im Betrieb**

Finden Sie sich in Kleingruppen (drei bis vier Personen) zusammen und entwerfen Sie gemeinsam ein Plakat zu einem der folgenden Themen; das Plakat kann dann im Klassenzimmer angebracht werden. Verwenden Sie auch Bilder zur Unterstützung.

a) „Richtiges Verhalten der Mitarbeiter bei der Verwendung von Lastaufnahmeeinrichtungen."
(Aufgaben und Verhaltensweisen)

b) „Verantwortung des Vorgesetzten bei Lastaufnahmeeinrichtungen"
(Welche Rahmenbedingungen muss der Vorgesetzte schaffen?)

c) „So klappt der Krantransport: prüfen, heben und bewegen."
(Was ist zu prüfen? Tätigkeiten beim Kranführen)

d) „Nicht jeder darf einen Kran führen"
(Welche Voraussetzungen müssen erfüllt sein?)

Kranführer beim Stapeln von Containern

e) „Kennzeichnung an Lastaufnahmeeinrichtungen"
(Kennzeichnungen erkennen und verstehen)

f) „Gesund und unverletzt Arbeiten mit dem Kran"
(Persönliche Schutzausrüstung, vorbeugende Maßnahmen, pfleglicher Umgang mit den Anschlagmitteln, Bedeutung der Unterweisung)

Lernsituation 1: Planung des Fördermitteleinsatzes

Situation

Die ALLMÖ GmbH plant den Bau eines neuen Lagers samt Hochregallager. Maja Wiener erhält den Auftrag, bei der Planung des Materialflusses von der Warenanlieferung bis zur Einlagerung in das Kommissionierlager bzw. in das Hochregallager mitzuwirken.

Material

Ca. 80% der Güter werden auf Euro-Flachpaletten angeliefert. Die Paletten haben eine maximale Höhe von 1,20 m, sodass sie ohne langes Umstapeln direkt im Hochregallager eingelagert werden können. Die restlichen Güter werden meist unpalettiert in Kartons, Kisten, Fässern usw. angeliefert. Viele dieser Güter werden auch mit kleinen Transportern angeliefert.

Das Kommissionierlager ist unterteilt in ein Palettenregallager und ein Kleinteilelager. Im Palettenregallager werden die Güter in doppelseitigen Längstraversenregalen mit drei Ebenen gelagert. Aus der unteren Ebene wird kommissioniert, während die beiden oberen Ebenen der Reservelagerung dienen. Kommissioniert wird meist auf Europaletten. Es werden immer komplette Kartons entnommen. Im Kleinteilelager werden die Waren in Kleinteiledurchlaufregalen gelagert. Die Kommissionierung erfolgt hier in Stapelbehältern, da einzelne Teile oder Packs entnommen werden.

M 1 *Materialfluss der ALLMÖ GmbH, von der Warenanlieferung bis zur Einlagerung*

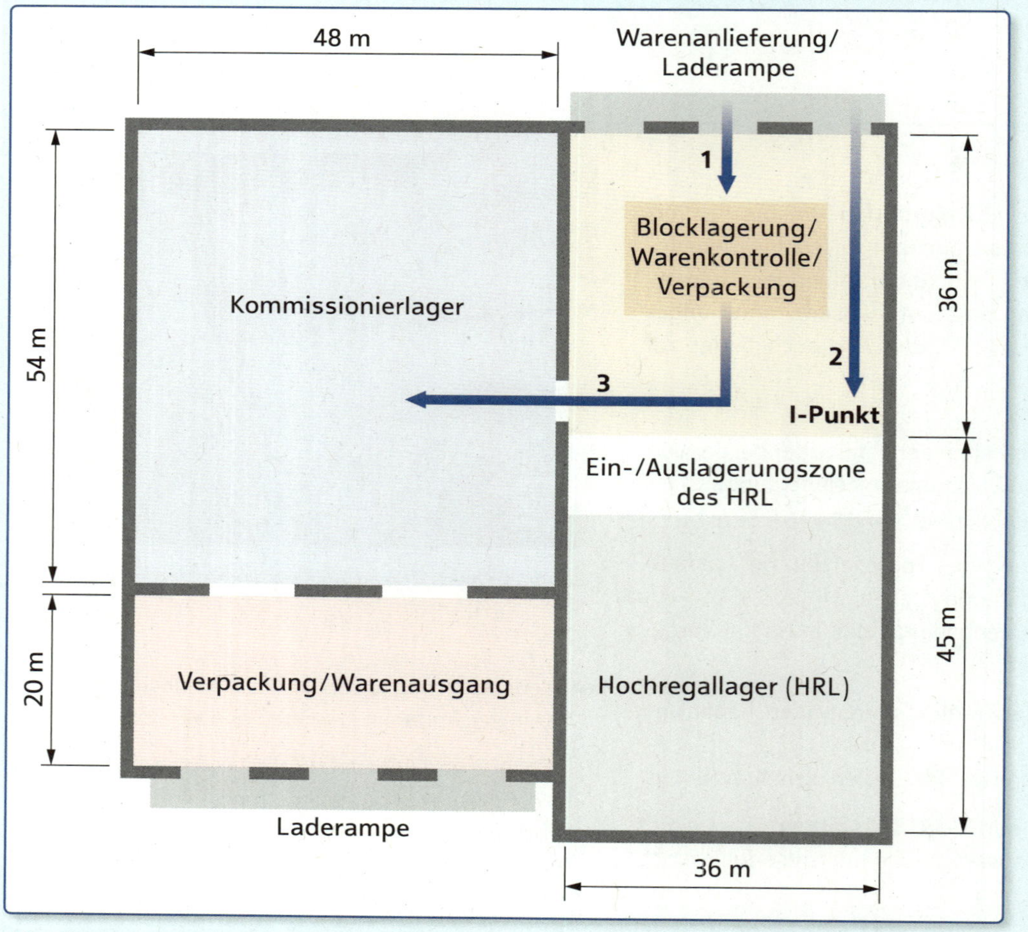

M2 *Skizze des neuen Lagers*

[Einstieg]
[Erarbeitung]
[Training]
[Projekte]
[Lernsituation]

Arbeitsaufträge

1. Berechnen Sie die Gesamtfläche des neu geplanten Lagers.

2. Schlagen Sie Fördermittel vor, die auf den Förderstrecken 1 bis 3 eingesetzt werden können, und begründen Sie Ihre Entscheidung.

   Strecke 1:

   Strecke 2:

   Strecke 3:

3. Nennen Sie drei Kriterien, von denen die Auswahl des Fördermittels abhängen kann.

[Einstieg]
[Erarbeitung]
[Training]
[Projekte]
[Lernsituation]

4. Welche Fördermittel können Sie im Hochregallager einsetzen?

5. Vor der Einlagerung in das Hochregallager erreichen die Paletten den I-Punkt. Was versteht man unter dem I-Punkt?

6. Der Transport der Europaletten in der Ein- und Auslagerungszone des Hochregallagers soll mittels eines fahrerlosen Transportsystems (FTS) erfolgen.

FTS-Einsatz bei der ALLMÖ GmbH

a) Welche Vorteile bietet der Einsatz von fahrerlosen Transportsystemen?

b) Wie kann die Steuerung von fahrerlosen Transportsystemen erfolgen?

c) Welche Sicherungen werden bei fahrerlosen Transportsystemen eingesetzt, um Zusammenstöße und Unfälle zu vermeiden?

7. Für die Ein- und Auslagerung in das Hochregallager sollen vollautomatische Regalbediengeräte angeschafft werden. Die Spielzeit (Zykluszeit) im Doppelspiel beträgt 80 Sekunden.

a) Erläutern Sie den Begriff „Doppelspiel“.

b) Berechnen Sie, wie viele Paletten in einer Stunde von einem Regalbediengerät maximal ein- und ausgelagert werden können.

[Einstieg]
[Erarbeitung]
[Training]
[Projekte]
[Lernsituation]

8. Für die Bewältigung der Strecke 2 auf einer Rollenbahn werden im Wareneingangslager ca. 5 Minuten benötigt. Danach wird die Palette an das FTS übergeben. Das FTS transportiert die Palette in 90 Sekunden zum Hochregallager und übergibt diese an das Regalförderzeug, das die Palette dann einlagert.

Berechnen Sie die Gesamtzeit (Förderzeit) in Minuten und Sekunden für die Einlagerung einer Europalette vom Wareneingang bis ins Hochregallager.

9. Für die Kommissionierung im neuen Kommissionierlager müssen neue Förderzeuge angeschafft werden. Für die Kommissionierung auf Paletten im Palettenregallager stehen folgende Förderzeuge zur Auswahl:

Förderzeuge für die Kommissionierung auf Paletten

Elektro-Handgabelhochhubwagen

Elektro-Handgabelniederhubwagen

Horizontalkommissionierer

Stand-Gabelniederhubwagen

Sitz-Gabelniederhubwagen

Wählen Sie zwei geeignete Förderzeuge aus und begründen Sie ihre Entscheidung.

[Einstieg]
[Erarbeitung]
[Training]
[Projekte]
[Lernsituation]

10. Auch für das Kleinteilelager müssen neue Transportmittel angeschafft werden. Kommissioniert werden hier Einzelteile oder Packs. Zur Auswahl stehen die abgebildeten handbetriebenen Transportmittel.

a) Um welche handbetriebenen Transportmittel handelt es sich? Tragen Sie die Bezeichnungen unter den Transportmitteln ein.

....

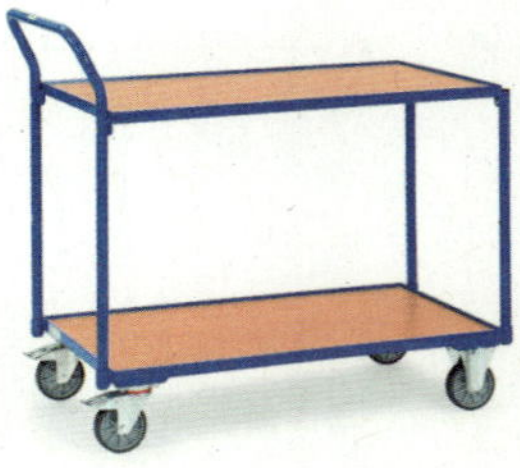

....

....

b) Welches handbetriebene Transportmittel würden Sie für die Kommissionierung im Kleinteilelager anschaffen? Begründen Sie Ihre Entscheidung.

....

....

....

....

....

....

11. In der Warenanlieferung müssen häufig Papierrollen angenommen werden. Eine Papierrolle wiegt ca. 2 t. Mit welchem Flurförderzeug und welchem Anbaugerät können die Rollen schonend und sicher transportiert werden?

....

12. Eine Kiste mit den Maßen 1,80 m x 1,20 m ist 1300 kg schwer. Ihr Schwerpunkt liegt in der Mitte der Kiste. Stellen Sie fest, ob die Kiste mit einem Gabelstapler mit dem abgebildeten Lastschwerpunkt-Diagramm in ein Regalfach in 5,30 m Höhe gehoben werden darf.

Höhe in mm	Lastgewicht Q in kg			
5430	910	1060	1290	1440
5030	970	1140	1380	1540
4830	1010	1180	1430	1600
4100	1010	1180	1430	1600
3300	1010	1180	1430	1600
Lastschwerpunktabstand in mm	1000	800	600	500

....

....

[Einstieg]
[Erarbeitung]
[Training]
[Projekte]
[Lernsituation]

Lernsituation 2: Arbeits- und Gesundheitsschutz

Situation

Timo Lahm und Maja Wiener sind im neuen Kommissionierlager der ALLMÖ GmbH tätig. Heute gegen 10:30 Uhr sieht Maja, wie Timo sich mit dem neuen Elektro-Handgabelhubwagen über den rechten Fuß fährt. Er schreit vor Schmerzen laut auf. Schnell eilt sie zu ihm, doch irgendwie weiß sie auch nicht so recht, was sie jetzt machen soll. Vor lauter Schreck redet sie erst einmal beruhigend auf ihn ein. Doch als Timo sich kaum beruhigen lässt, merkt sie, dass der Fuß wohl schlimmer verletzt sein muss, obwohl er Schutzschuhe trägt. Daher ruft sie einen Krankenwagen, der Timo in das Melsunger Krankenhaus in der Kasseler Str. 20 bringt. Dort wird ein Bruch des Mittelfußknochens diagnostiziert und Timo zunächst für 14 Tage krankgeschrieben.
Am Nachmittag desselben Tages füllt Maja gemeinsam mit dem Lagerleiter Herrn Steffen Klein die Unfallanzeige aus.
Am Abend desselben Tages erfährt der Ausbildungsleiter Herr Blumenstein von Timos Unfall. Er ist entsetzt darüber, dass einem seiner Auszubildenden ein so schlimmer Unfall passieren konnte. Außerdem beunruhigt es ihn sehr, als er hört, dass Maja Wiener nicht so recht wusste, wie sie sich in der Situation zu verhalten hat. Sofort beschließt er, am nächsten Tag für alle Auszubildenden eine Schulung zum Thema Arbeits- und Gesundheitsschutz abzuhalten. Er beginnt zunächst mit einem kleinen Auffrischungskurs in Erster Hilfe und teilt anschließend an alle Auszubildenden einen Fragebogen zum Thema „Erste Hilfe und Arbeits- und Gesundheitsschutz" aus. Zum Abschluss der Veranstaltung zeigt er den Auszubildenden noch eine PowerPoint-Präsentation zu falschem Verhalten im Lager.

Material

Personalakte

Name:	Timo Lahm
Adresse:	Luisenstraße 7, 34212 Melsungen
Geburtsdatum:	19.11.2002
Geburtsort:	34134 Kassel
Telefon:	(05661) 583640
Geschlecht:	männlich
Nationalität:	deutsch
Familienstand:	ledig
Steuerklasse:	I
Berufsbezeichnung:	Ausbildung zur Fachkraft für Lagerlogistik
Ausbildungsbeginn:	01.08.20..
Krankenkasse:	Barmer Ersatzkasse, Lange Str. 15, 34212 Melsungen

M 1 *Personalakte von Timo Lahm*

Personalakte

Name:	Maja Wiener
Adresse:	Berliner Straße 8, 34212 Melsungen
Geburtsdatum:	31. Mai 2001
Geburtsort:	34134 Kassel
Telefon:	(05661) 892534
Geschlecht:	weiblich
Nationalität:	deutsch
Familienstand:	ledig
Steuerklasse:	I

M2 *Auszug aus Personalakte von Maja Wiener*

ALLMÖ GmbH

Adresse:	Evesham Allee 4, 34212 Melsungen — *Telefon:* (05661) 92500
Berufsgenossenschaft:	Berufsgenossenschaft Handel und Warendistribution, Bezirksverwaltung Mainz Postfach 100252, 55133 Mainz
Mitgliedsnummer BG:	M5/08459233
Tägliche Arbeitszeit:	7:00 Uhr bis 16:00 Uhr

M 3 *Angaben zur ALLMÖ GmbH*

[Einstieg]
[Erarbeitung]
[Training]
[Projekte]
[Lernsituation]

Arbeitsaufräge

1. Füllen Sie für Timo Lahm, wohnhaft in 34212 Melsungen, Luisenstraße 7, die Unfallanzeige aus.

UNFALLANZEIGE

1 Name und Anschrift des Unternehmens

2 Unternehmensnummer des Unfallversicherungsträgers

3 Empfänger

4 Name, Vorname des Versicherten | 5 Geburtsdatum Tag Monat Jahr

6 Straße, Hausnummer | Postleitzahl | Ort

7 Geschlecht ☐ männlich ☐ weiblich | 8 Staatsangehörigkeit | 9 Leiharbeitnehmer ☐ ja ☐ nein

10 Auszubildender ☐ ja ☐ nein | 11 Ist der Versicherte ☐ Unternehmer ☐ mit dem Unternehmer verwandt ☐ Ehegatte des Unternehmers ☐ Gesellschafter/Geschäftsführer

12 Anspruch auf Entgeltfortzahlung besteht für ☐ Wochen | 13 Krankenkasse des Versicherten (Name, PLZ, Ort)

14 Tödlicher Unfall? ☐ ja ☐ nein | 15 Unfallzeitpunkt Tag Monat Jahr Stunde Minute | 16 Unfallort (genaue Orts- und Straßenangabe mit PLZ)

17 Ausführliche Schilderung des Unfallhergangs (Verlauf, Bezeichnung des Betriebsteils, ggf. Beteiligung von Maschinen, Anlagen, Gefahrstoffen)

Die Angaben beruhen auf der Schilderung ☐ des Versicherten ☐ anderer Personen

18 Verletzte Körperteile | 19 Art der Verletzung

20 Wer hat von dem Unfall zuerst Kenntnis genommen? (Name, Anschrift des Zeugen) | War diese Person Augenzeuge? ☐ ja ☐ nein

21 Name und Anschrift des erstbehandelnden Arztes/Krankenhauses | 22 Beginn und Ende der Arbeitszeit des Versicherten Beginn Stunde Minute Ende Stunde Minute

23 Zum Unfallzeitpunkt beschäftigt/tätig als | 24 Seit wann bei dieser Tätigkeit? Monat Jahr

25 In welchem Teil des Unternehmens ist der Versicherte ständig tätig?

26 Hat der Versicherte die Arbeit eingestellt? ☐ nein ☐ sofort später, am Tag Monat Stunde

27 Hat der Versicherte die Arbeit wieder aufgenommen? ☐ nein ☐ ja, am Tag Monat Jahr

28 Datum | Unternehmer/Bevollmächtigter | Betriebsrat (Personalrat) | Telefon-Nr. für Rückfragen (Ansprechpartner)

[Einstieg]
[Erarbeitung]
[Training]
[Projekte]
[Lernsituation]

2. Beantworten Sie die Aufgaben auf dem Fragebogen zur Ersten Hilfe und zum Arbeits- und Gesundheitsschutz.

Fragebogen

Erste Hilfe und Arbeits- und Gesundheitsschutz

1. Wer ist für die Einhaltung der Arbeitssicherheitsvorschriften zuständig?

   ....

   ....

2. Wer erlässt die Unfallverhütungsvorschriften?

   ....

3. Wie oft muss eine Unterweisung über die Unfallverhütungsvorschriften erfolgen?

   ....

   ....

4. In Ihrem Ausbildungsbetrieb ereignet sich ein Arbeitsunfall mit Personenschaden. Wem ist dieser Unfall zu melden und innerhalb welcher Frist muss dieser Unfall gemeldet werden?

   ....

   ....

5. Sie leisten Erste Hilfe bei einem Arbeitsunfall mit Personenschaden. Welche Notrufnummer wählen Sie?

   ☐ 011 ☐ 112 ☐ 110 ☐ 021

6. Sie werden Zeuge eines Arbeitsunfalls und leisten Erste Hilfe. Welche Reihenfolge der Schritte ist richtig?

   ☐ 1. Ich leiste Soforthilfe.
   2. Ich verschaffe mir einen Überblick.
   3. Ich löse den Notruf aus.

   ☐ 1. Ich verschaffe mir einen Überblick.
   2. Ich leiste Soforthilfe.
   3. Ich löse den Notruf aus.

   ☐ 1. Ich löse den Notruf aus.
   2. Ich verschaffe mir einen Überblick.
   3. Ich leiste Soforthilfe.

7. Welche Aussage trifft auf einen bewusstlosen Menschen zu?

   ☐ Der Bewusstlose erzählt unzusammenhängende Geschichten.
   ☐ Der Bewusstlose kann husten und schlucken.
   ☐ Der Bewusstlose darf nicht berührt werden, bis der Notarzt kommt.
   ☐ Der Bewusstlose ist nicht ansprechbar und reagiert nicht.

8. Sie finden einen Verletzten im Schockzustand. Welche Körperteile müssen hoch gelagert werden?

   ☐ Kopf und Hals ☐ Kopf und Oberkörper
   ☐ Beine ☐ Arme

3. Während der PowerPoint-Präsentation zeigt Ihnen Herr Blumenstein unter anderem die folgenden Bilder. Welche Gefahrenquellen bzw. Verstöße gegen Arbeitsschutzvorschriften werden in den Bildern dargestellt?

a) 

b) 

c) 

d) 

e) 

[Einstieg]
[Erarbeitung]
[Training]
[Projekte]
[Lernsituation]

Fachrechnen

1 Maße und Gewichte

Erarbeitungsaufgaben

1. Eine Lkw-Ladung besteht aus folgenden Packstücken:
   - 3 Europaletten zu je 725 kg
   - 4 Gitterboxpaletten zu je 380 kg
   - 1 Kiste zu 158 kg
   - 1 Kiste zu 225 kg
   - 12 Pakete zu je 45 kg

   Wie hoch ist das Gewicht der Lkw-Ladung?

Packstücke	Stückzahl	Einzelgewicht	=	Teilgewicht
			=	
			=	
			=	
			=	
			=	
Gesamtgewicht			=	

2. Folgende Packstücke sollen eingelagert werden:
   - 5 Säcke mit jeweils einem Zentner
   - 2 Europaletten mit jeweils 2 Doppelzentnern
   - 4 Pakete mit jeweils 42 kg
   - 1 Kiste mit 2 Zentnern

   Wie hoch ist das Gesamtgewicht der Einlagerung?

Packstücke	Stückzahl	Einzelgewicht	=	Teilgewicht
Gesamtgewicht				

3. In einen Sattelzug mit einem Fassungsvermögen von 24 t sollen folgende Güter transportiert werden:
   - 8 Europaletten mit je 745 kg
   - 10 Gitterboxpaletten mit je 480 kg
   - 2 Kleincontainer mit je 740 kg

   Wie viel Tonnen können noch zugeladen werden?

....

....

.... ☐☐,☐☐☐ t

4. Im Ausgangslager werden folgende Güter zusammengepackt:

- 4 Güter zu je 3,25 kg
- 5 Güter zu je 1200 g
- 4 Güter zu je 8,780 kg
- 1 Gut mit 1880 g

Wie viel Kilogramm wiegt die ausgelagerte Menge?

....

....

....

....

.... ☐☐ kg

5. Eine Sendung besteht aus folgenden Teilen:
16 Pakete zu je 62 kg, 5 Europaletten zu je 525 kg, 2 Gitterboxpaletten zu je 380 kg, 1 Kiste zu 278 kg, 1 Kiste zu 345 kg.

Wie hoch ist das Gesamtgewicht der Sendung in Tonnen?

....

....

....

....

....

.... ☐ t

6. Folgende Positionen sollen eingelagert werden.
1 Europalette mit 3 Doppelzentner, 1 Gitterboxpaletten mit 7,5 Zentner, 1 Paket mit 75 kg, 1 Kiste mit 2 Doppelzentner, 1 Kiste mit einem Zentner.

Berechnen Sie das Gesamtgewicht in kg.

....

....

....

....

[Einstieg]
[Erarbeitung]
[Training]
[Projekte]
[Lernsituation]

....

☐☐☐☐ kg

....

7. Wie viele 1,20 m lange und 1,00 m breite, nicht stapelbare Einwegpaletten können in einen 10,50 m langen und 6,60 m breiten Lagerraum maximal eingelagert werden?

....

....

....

....

....

Auf der Lagerfläche können maximal ☐☐ Paletten eingelagert werden.

2 Dreisatz

Erarbeitungsaufgaben

1. 5 Lagerkräfte lagern pro Tag durchschnittlich 80 t ein. Wie viel t könnten mit 7 Lagerkräften eingelagert werden?

   Bedingungssatz: ....

   Umrechnungssatz: ....

   Fragesatz: ....

   Berechnung: x = ...

   Ergebnis: ....

2. 3 Lagerkräfte benötigen 3 Stunden und 12 Minuten, um einen Sattelzug zu beladen. Wie viele Minuten benötigen 2 Fachkräfte?

   Bedingungssatz: ....

   Umrechnungssatz: ....

   Fragesatz: ....

   Berechnung: x = ...

   ....

   Ergebnis: ....

3. Zum Umbau der Lagerräume benötigt eine Lagergesellschaft 6 Arbeitskräfte. Sie arbeiten 8 Tage täglich 5 Stunden. Wie viele Stunden müssen täglich zusätzlich gearbeitet werden, wenn nur 3 Arbeitskräfte diese Arbeit in 12 Tagen schaffen sollen?

   Bedingungssatz: ....

   Fragesatz: ....

[Einstieg]
[Erarbeitung]
[Training]
[Projekte]
[Lernsituation]

Berechnung: x = ...

....

Ergebnis: ....

4. Ein Lieferwagen verbraucht auf 100 km 8,7 l Kraftstoff. Wie viel Liter verbraucht er für 412 km?

....

....

....

☐☐,☐☐☐ l

5. Zur Lagerinventur werden 6 Arbeitskräfte eingesetzt, die 4 Tage benötigen. Wie viele Arbeitskräfte sind erforderlich, wenn die Inventur in 3 Tagen beendet sein soll?

....

....

....

☐ Arbeitskräfte

6. Die letztjährige Inventur wurde von 5 Mitarbeitern in 3 Tagen durchgeführt, wobei jeder Mitarbeiter täglich 10 Stunden gearbeitet hat. Wie viele Stunden hätten 4 Mitarbeiter in 5 Tagen täglich arbeiten müssen?

....

....

☐ Std. ☐☐ Min

7. Ein Großhändler bezieht vom Hersteller 22 PCs des gleichen Modells für zusammen 10 560,00 €. Welchen Betrag muss der Großhändler dem Hersteller für 25 PCs dieses Modells bezahlen?

....

....

☐☐☐☐☐,☐☐ €

....

8. Eine Vorratsbox Kopierpapier reicht 18 Tage bei einem Durchschnittsverbrauch von 864 Blatt pro Tag. Wie lange reicht der Vorrat bei einem Durchschnittsverbrauch von 648 Blatt pro Tag?

....

....

☐☐ Tage

....

[Einstieg]
[Erarbeitung]
[Training]
[Projekte]
[Lernsituation]

9. In einem 20 m langen Regal mit 10 Fächern können 3600 Aktenordner untergebracht werden.
Wie viele Aktenordner können in einem 16 m langen Regal mit 12 Fächern untergebracht werden?

☐☐☐☐ Ordner

10. Vier Lkws können in 9 h 516 m³ Erde transportieren.
Wie lange benötigen 6 Lkws, um 344 m³ Erde zu transportieren?

☐ h

11. 20 Arbeiter benötigen bei einer täglichen Arbeitszeit von 8 Stunden 28 Tage, um eine Fläche von 6000 m² zu fliesen.
Wie viele Tage benötigen 14 Arbeiter bei einer täglichen Arbeitszeit von 6 Stunden, um 9000 m² zu fliesen?

☐☐ Tage

12. In einem Großhandelsbetrieb wurde der Reinigungsdienst bisher von 4 Arbeitskräften in der Zeit von 18:30 Uhr bis 21:30 Uhr geleistet. Die zu reinigende Fläche betrug 500 m². Nach einem Umbau beträgt die Reinigungsfläche 750 m². Außerdem steht nur noch die Zeit von 19:00 Uhr bis 21:00 Uhr als Arbeitszeit zur Verfügung. Wie viele Arbeitskräfte werden unter diesen Bedingungen benötigt?

☐ Arbeiter

3 Verteilungsrechnen

Erarbeitungsaufgaben

1. Für das Lagergebäude wurden im letzten Monat 2400,00 € Miete bezahlt. So wird das Lagergebäude benutzt:

- 30 m² für die Lagermeisterei
- 180 m² für das Eingangslager
- 120 m² für die Kommissionierung
- 270 m² für das Ausgangslager

Wie hoch ist die anteilige Miete für jede Lagerabteilung?

Verteilungsschema:

Abteilung	Anteile	Mietanteil in €
Insgesamt		

[Einstieg]
[Erarbeitung]
[Training]
[Projekte]
[Lernsituation]

Die Miete für die gesamten Anteile .... beträgt ....

Wert für einen Anteil (= ....) ermitteln:

1 Anteil =

....

....

Berechnung der anteiligen Miete der einzelnen Abteilungen:

Lagermeisterei: ....

Eingangslager: ....

Kommissionierung: ....

Ausgangslager: ....

Insgesamt: ....

2. Der Gewinn der Lagerei Müller OHG soll im Verhältnis 7:5:4 auf die Gesellschafter Müller, Neuer und Özil verteilt werden. Im letzten Jahr wurde ein Gewinn von 240 000,00 € erzielt. Wie viel Euro vom Gewinn erhält jeder Gesellschafter?

Verteilungsschema:

Gesellschafter	Anteile	Gewinnanteil in €
Müller		
Neuer		
Özil		
Insgesamt		

Der Gewinn für die gesamten .... Anteile beträgt ....

Wert für einen Anteil ermitteln:

1 Anteil =

....

....

Berechnung der Anteile der einzelnen Gesellschafter:

Müller: ....

Neuer: ....

Özil: ....

Insgesamt: ....

3. Die Mitarbeiterprämie für sorgfältige und zuverlässige Arbeit in Höhe von 500,00 € soll wie folgt verteilt werden:

- Diana erhält 1/5
- Kevin erhält 1/2
- Timo erhält 3/10

[Einstieg]
[Erarbeitung]
[Training]
[Projekte]
[Lernsituation]

Verteilungsschema:

Azubi	Beteiligung	Gleichnamige Bruchteile	Anteile	Prämie in €
Diana				
Kevin				
Timo				
Insgesamt				

Die gesamte Mitarbeiterprämie beträgt ....

Wert für einen Anteil ermitteln:

1 Anteil =

....

....

Berechnung der Anteile der einzelnen Mitarbeiter:

Diana: ....

Kevin: ....

Timo: ....

Insgesamt: ....

4. Ein Elektrofachmarkt erhält 2400 kg Elektrowaren für 500000,00 € und 400 kg Verkaufsplakate im Wert von 10000,00 €. Die Frachtkosten betragen insgesamt 616,00 €, die Transportversicherung kostet 102,00 €.

a) Wie hoch sind die Gewichtsspesen je Warengruppe?

Verteilung der Gewichtsspesen:

Ware	Anteile	Gewichtsspesen in €
Elektrowaren		
Verkaufsplakate		
Insgesamt		

Die gesamten Gewichtsspesen betragen ....

Wert für einen Anteil ermitteln:

1 Anteil =

....

....

Berechnung der Anteile der einzelnen Warengruppen:

Elektrowaren: ....

Verkaufsplakate: ....

Insgesamt: ....

[Einstieg]
[Erarbeitung]
[Training]
[Projekte]
[Lernsituation]

b) Wie hoch sind die Wertspesen je Warengruppe?

Verteilung der Wertspesen:

Ware	Anteile in €	Wertspesen in €
Elektrowaren		
Verkaufsplakate		
Insgesamt		

Die gesamten Wertspesen betragen ....

Wert für einen Anteil ermitteln:

1 Anteil =

....

....

Berechnung der jeweiligen Anteile:

Elektrowaren: ....

Verkaufsplakate: ....

Insgesamt: ....

c) Wie hoch sind die gesamten Bezugsspesen je Warengruppe?

Berechnung der Bezugsspesen je Warengruppe:

Elektrowaren: ....

....

....

Verkaufsplakate: ....

....

....

d) Wie hoch ist der Bezugspreis je Warengruppe?

Berechnung der Bezugspreise je Warengruppe:

Elektrowaren: ....

....

....

Verkaufsplakate: ....

....

....

[Einstieg]
[Erarbeitung]
[Training]
[Projekte]
[Lernsituation]

Die Kosten verteilen sich folgendermaßen:

Ware	a) Gewichtsspesen	b) Wertspesen	c) Bezugsspesen	d) Bezugspreis

5. Die Heizungskosten in Höhe von 8 400,00 € und 560,00 € Frachtkosten sind im Verhältnis 1:4:2 auf die Bereiche Kleinteilelager, Stückgutlager und Verschlusslager zu verteilen. Wie viel Euro entfallen auf die einzelnen Bereiche?

□□□□,□□ € □□□□,□□ € □□□□,□□ € □□□□,□□ €

6. Pflanzen-Kramer erhält 7 500 kg Blumenerde für 12 000,00 € und 1000 kg Düngemittel für 6 000,00 €. Es fallen 595,00 € Frachtkosten und 90,00 € Transportversicherungsgebühren an.

a) Wie hoch sind die Gewichtsspesen je Warengruppe?

□□□,□□ €

□□,□□ €

b) Wie hoch sind die Wertspesen je Warengruppe?

□□,□□ €

□□,□□ €

c) Wie hoch sind die gesamten Bezugsspesen je Warengruppe?

□□□,□□ €

□□□,□□ €

[Einstieg]
[Erarbeitung]
[Training]
[Projekte]
[Lernsituation]

d) Wie hoch ist der Bezugspreis je Warengruppe?

....

☐☐☐☐☐,☐☐ €

☐☐☐☐,☐☐ €

7. An dem Großhandelsbetrieb Müller & Schulze sind Klaus Müller, Alex Schulze und Oscar Krause beteiligt. Der Anteil von Klaus Müller am Eigenkapital beträgt 98 000,00 €. Der Gesellschafter Schulze hält 1/2 und der Gesellschafter Krause 1/3 des Eigenkapitals. Wie hoch sind jeweils die Eigenkapitalanteile der Gesellschafter Schulze und Krause?

....

....

☐☐☐☐☐☐,☐☐ €

☐☐☐☐☐☐,☐☐ €

8. Ein Gewinn in Höhe von 48 000,00 € wird unter den Gesellschaftern A, B und C im Verhältnis 2 : 3 : 7 geteilt. Berechnen Sie die Gewinnanteile.

....

....

....

☐☐☐☐,☐☐ €

☐☐☐☐☐,☐☐ €

☐☐☐☐☐,☐☐ €

9. Die ausgesetzte Belohnung von 500,00 € wurde an die drei Finder verteilt.
A bekam 100,00 €, B erhielt 250,00 €.

a) Berechnen Sie den Anteil von C.

☐☐☐,☐☐ € Anteil C

b) Bestimmen Sie den Verteilungsschlüssel.

☐ : ☐ : ☐

10. Eine Erbschaft in Höhe von 279 000,00 € wurde nach Abzug der Notarkosten in Höhe von 9 000,00 € auf die Erben verteilt. Die Ehefrau erhielt die Hälfte, der Rest wurde gleichmäßig unter den drei Kindern aufgeteilt.

a) Bestimmen Sie das Verteilungsverhältnis.

☐ : ☐ : ☐ : ☐

b) Wie hoch war die jeweilige Höhe der Erbschaft?

....

....

[Einstieg]
[Erarbeitung]
[Training]
[Projekte]
[Lernsituation]

Ehefrau €

Kind €

Kind €

Kind €

11. Ein Lotteriegewinn wird im Verhältnis der Einsätze verteilt. Anton erhält bei einem Einsatz von 10,00 € einen Gewinnanteil in Höhe von 24 000,00 €. Der Einsatz von Ben betrug 15,00 €, der von Catrin 25,00 €.

a) In welchem Verhältnis wurde der Gewinn verteilt?

: :

b) Stellen Sie die Höhe des Gesamtgewinns fest.

€ Gesamtgewinn

c) Wie hoch waren die beiden anderen Gewinnanteile?

€ Ben

€ Catrin

12. An den Baukosten für ein Mehrfamilienhaus mit 12 gleich großen Wohnungen beteiligen sich fünf Investoren. A finanziert 1 Wohnung, B kauft 3 Wohnungen, C erwirbt 2 Wohnungen und D finanziert 4 Wohnungen.

a) Wie viele Wohnungen erwirbt E?

Wohnungen

b) Berechnen Sie die gesamten Baukosten, wenn C 450 000,00 € bezahlt.

€

13. Drei Handwerker kaufen sich zusammen eine Maschine.
Handwerker A bezahlte 2/5, das sind 14 400,00 €, B bezahlte 9/20 und C den Rest des Gesamtbetrages.

a) Berechnen Sie den Anteil des Handwerkers C.

/ Anteile

b) Mit wie viel Euro beteiligen sich B und C?

....

....

☐☐☐☐☐,☐☐ € bei B

☐☐☐☐,☐☐ € bei C

c) Wie teuer war die Maschine?

☐☐☐☐☐☐,☐☐ €

14. An einem Umsatz in Höhe von 400 000,00 € sind 3 Unternehmen beteiligt.
A ist mit 1/3, B mit 5/12 und C 1/4 beteiligt.
Der erzielte Gewinn beträgt 15 % des Umsatzes.

a) Wie hoch war der Gewinn?

☐☐☐☐☐,☐☐ € Gewinn

b) Berechnen Sie die Höhe der jeweiligen Gewinnanteile.

....

....

....

....

☐☐☐☐☐,☐☐ € bei A

☐☐☐☐☐,☐☐ € bei B

☐☐☐☐☐,☐☐ € bei C

15. Ein Kulturzentrum wird von fünf Gemeinden gemeinsam gebaut.
Die entstehenden Kosten werden entsprechend der Einwohnerzahl auf die Gemeinden verteilt.
Gemeinde B hat doppelt so viele Einwohner wie Gemeinde C.
Gemeinde A hat mit 3 600 Einwohnern halb so viel wie B und C zusammen.
Gemeinde D hat 3 600 und Gemeinde E hat 3 600 Einwohner.
Die Baukosten betragen insgesamt 2,4 Mio. €.
Drei Viertel der Baukosten übernimmt der Landkreis.

a) Wie viele Einwohner hat jede Gemeinde?

☐☐☐☐ Einwohner,

☐☐☐☐ Einwohner,

☐☐☐☐ Einwohner,

☐☐☐☐ Einwohner

☐☐☐☐ Einwohner

[Einstieg]
[Erarbeitung]
[Training]
[Projekte]
[Lernsituation]

b) Wie viele Einwohner sind es insgesamt?

☐☐☐☐☐ Einwohner

c) Welchen Betrag müssen alle Gemeinden zusammen aufbringen?

☐☐☐☐☐☐,☐☐ €

d) Welchen Betrag muss jede Gemeinde aufbringen?

A ☐☐☐☐☐☐,☐☐ €

B ☐☐☐☐☐☐,☐☐ €

C ☐☐☐☐☐,☐☐ €

D ☐☐☐☐☐☐,☐☐ €

E ☐☐☐☐☐☐,☐☐ €

4 Durchschnittsrechnung

Erarbeitungsaufgaben

1. In der letzten Woche ergaben sich folgende Arbeitsstunden der Lagerkräfte:
   - Montag 160 Stunden
   - Dienstag 140 Stunden
   - Mittwoch 150 Stunden
   - Donnerstag 180 Stunden
   - Freitag 120 Stunden

   Wie viele Stunden wurden durchschnittlich pro Tag gearbeitet?

   Gesamtarbeitszeit an .... Tagen:

   Gesamtstunden = ...

   Berechnung der durchschnittlichen Tagesarbeitszeit:

2. In einer Woche wurde das Lieferfahrzeug dreimal betankt:
   - Tankfüllung 1 : 100 l zu 1,35 €/l
   - Tankfüllung 2 : 118 l zu 1,40 €/l
   - Tankfüllung 3 : 60 l zu 1,41 €/l

   Wie viel Euro kostete durchschnittlich 1 l Benzin?

   Berechnung Gesamtlitermenge und Gesamtpreise:

Tankfüllung	Liter	Preis je l	Gesamtpreis in €
1			
2			
3			
Insgesamt			

Berechnung des Durchschnittspreises für 1 l:

....

....

3. Bei Kommissionierarbeiten wurden in der letzten Woche folgende Leistungen erbracht:
   - Montag 1624 Picks
   - Dienstag 1753 Picks
   - Mittwoch 1812 Picks
   - Donnerstag 1790 Picks
   - Freitag 1498 Picks

   Wie viele Picks wurden durchschnittlich pro Tag erzielt?

   ....

   ☐☐☐☐,☐ Picks

   ....

4. Im letzten Jahr haben wir dreimal Heizöl eingekauft:
   - Februar: 4000 l zu je 0,80 €/l
   - Juni: 3000 l zu je 0,72 €/l
   - November: 3600 l zu je 0,82 €/l

   Wie viel Euro mussten wir im Durchschnitt für einen Liter Heizöl bezahlen?

   ....

   ....

   ☐,☐☐☐☐☐ €

5. Folgende Arbeitskräfte werden zur Lagerinventur eingesetzt:
   6 Lagerfacharbeiter erhalten jeweils 12,50 € Stundenlohn, 5 erfahrene Aushilfskräfte erhalten jeweils 10,40 € Stundenlohn, 3 unerfahrene Aushilfskräfte erhalten jeweils 9,00 € Stundenlohn.
   Wie viel Euro muss durchschnittlich je Inventurstunde bezahlt werden?

[Einstieg]
[Erarbeitung]
[Training]
[Projekte]
[Lernsituation]

☐☐,☐☐ € je Arbeitnehmer

5 Prozentrechnung

Erarbeitungsaufgaben

1. Die Auszubildende Diana Witt erhält monatlich 730,00 € Ausbildungsvergütung. Ihr Krankenkassenbeitragssatz beträgt 8,3 %. Wie viel Euro bezahlt Diana für ihre Krankenversicherung?

   Was ist bekannt?

   Grundwert: 730,00 €
   Prozentsatz: 8,3 %
   Prozentwert: x

   Dreisatz aufstellen:

   Berechnung: x =

2. Eine Eingangsrechnung weist 45,60 € Umsatzsteuer aus. Wie hoch ist der Nettowert dieser Rechnung bei einem Umsatzsteuersatz von 19 %?

   Was ist bekannt?

   Grundwert:
   Prozentsatz:
   Prozentwert:
   Dreisatz aufstellen:

   Berechnung: x =

3. Einschließlich 40 % Weihnachtsgeld erhält ein Auszubildender im Dezember 1008,00 €.

   a) Wie viel Euro beträgt die monatliche Ausbildungsvergütung?

   Was ist bekannt?

.... Grundwert: ....

Prozentsatz: ....

Grundwert: ....

Dreisatz aufstellen: ....

....

Berechnung: x =

....

....

b) Wie viel Euro wurden im Dezember mehr bezahlt?

....

4. Nachdem der Benzinpreis um 20 % gefallen ist, kostet 1 l Benzin jetzt 1,20 €. Wie viel Euro kostete 1 l Benzin vor der Preisreduzierung? ....

Was ist bekannt?

.... Grundwert: ....

Prozentsatz: ....

Grundwert: ....

Dreisatz aufstellen: ....

....

Berechnung: x =

....

....

5. Vorzugskarteninhaber erhalten auf Einkäufe 5 % Preisnachlass. Für den Einkauf mit Vorzugskarte zahlt der Käufer 142,75 €. Wie viel Euro spart der Vorzugskarteninhaber?

....

....

....

.... ☐,☐☐ €

....

[Einstieg]
[Erarbeitung]
[Training]
[Projekte]
[Lernsituation]

6. Ein Drucker kostet 122,00 €. Der Preis wird um 3 % erhöht. Wie viel Euro kostet der Drucker nach der Preiserhöhung?

□□□,□□ €

7. Das Autohaus Knoll GmbH gewährt beim Kauf eines Kleinwagens 8 % Rabatt auf den Listenpreis von 18 950,00 €. Wie viel Euro Rabatt gewährt die Knoll GmbH?

□□□□,□□ €

8. 25 % der Mitarbeiter einer Großhandlung sind über 50 Jahre alt. Wie viele Mitarbeiter hat die Großhandlung, wenn 18 Mitarbeiter über 50 Jahre sind?

□□ Mitarbeiter

9. Im Lager wurden im Vorjahr 9 600 l Heizöl verbraucht. In diesem Jahr sind es 8 % weniger. Wie viel Liter Heizöl beträgt der Verbrauch in diesem Jahr?

□□□□ l

10. Bei Lagerarbeiten werden 24 Flaschen beschädigt. Das entspricht 3 % der gesamten Flaschen. Wie viele Flaschen waren es insgesamt?

□□□ Flaschen

[Einstieg]
[Erarbeitung]
[Training]
[Projekte]
[Lernsituation]

11. Der Preis eines Gabelstaplers wurde um 4 % erhöht. Er kostet nun 14 768,00 €. Wie viel Euro kostete der Gabelstapler vor der Preiserhöhung?

☐☐☐☐☐,☐☐ €

12. Der Bundesligaspieler Cem erhält in der neuen Saison statt bisher 500 000,00 € Jahresgehalt nun 100 000,00 € mehr Gehalt. Der Amateurspieler Ben erhält statt 400,00 € monatlich jetzt 200,00 € mehr. Wer erhält prozentual eine größere Erhöhung?

Bundesligaspieler Cem: ☐☐ %

Amateurspieler Ben: ☐☐ %

13. Eine Auszubildende erhält im November 725,00 € Ausbildungsvergütung.
Ab Dezember wird ihre Ausbildungsvergütung um 2,0 % erhöht.

a) Wie viel Euro erhält die Auszubildende mehr als bisher?

☐☐,☐☐ €

b) Wie hoch ist die Ausbildungsvergütung ab Dezember?

☐☐☐,☐☐ €

14. Ein Angestellter bezieht im Oktober 2 400,00 € Gehalt. Ab November erhält er 43,20 € monatlich mehr Gehalt. Um wie viel Prozent hat sich sein Gehalt erhöht?

☐,☐ %

[Einstieg]
[Erarbeitung]
[Training]
[Projekte]
[Lernsituation]

15. „Wenn ich monatlich 8 % meiner Ausbildungsvergütung spare, nehmen meine Ersparnisse monatlich um 60,00 € zu.“ Wie hoch ist die monatliche Ausbildungsvergütung?

€

16. Nach einer Erhöhung der Ausbildungsvergütung in Höhe von 1,5 % erhält ein Auszubildender monatlich 700,35 €.
a) Wie viel Euro betrug die monatliche Ausbildungsvergütung vor der Erhöhung?

€

b) Um wie viel Euro wurde die Ausbildungsvergütung erhöht?

€

17. Nach einer Preissenkung um 25 % kostet eine Sonnenbrille noch 90,00 €.
Wie viel Euro kostete die Sonnenbrille vor der Preissenkung?

€

18. „135,00 € sind gerade einmal 9 % meines Bruttolohnes.“
Wie hoch ist der monatliche Bruttolohn?

€

19. Nach einer Gehaltserhöhung von 2,2 % beträgt das monatliche Bruttogehalt eines Lagermitarbeiters 1553,44 €.
Wie hoch war sein monatliches Bruttogehalt vor der Gehaltserhöhung?

€

[Einstieg]
[Erarbeitung]
[Training]
[Projekte]
[Lernsituation]

20. Nach einer Preisreduzierung von 35 % beträgt der Preis einer Urlaubsreise 455,00 €. Wie teuer war die Urlaubsreise vor der Preisreduzierung?

....

....

.... ☐☐☐,☐☐ €

21. Die Nebenkosten einer gemieteten Wohnung steigen monatlich von 96,00 € auf 102,00 €.
Um wie viel Prozent steigen die Nebenkosten?

....

....

.... ☐,☐☐ %

6 Zinsrechnung

Erarbeitungsaufgaben

1. Eine Auszubildende legt vom 02.01. bis zum 18.08. desselben Jahres 840,00 € zur Finanzierung ihres Urlaubs an. Wie viele Tage legt sie das Geld an?

Tageberechnung: Zinstage im ....

Zinstage für .... Monate = ...

Zinstage im ....

Zinstage insgesamt = ...

2. Ermitteln Sie die Zinstage vom 18.10. im Jahr 1 bis zum 20.11. im Jahr 2.

Tageberechnung: Zinstage im ....

Zinstage für .... Monate = ...

Zinstage im ....

Zinstage insgesamt = ...

3. Für einen Kredit in Höhe von 3 000,00 € müssen für die Zeit vom 08.02. bis zum 04.12. desselben Jahres 8 % Zinsen bezahlt werden. Wie viel Euro Zinsen sind zu zahlen?

Zinstage: Zinstage im ....

Zinstage für .... Monate = ...

Zinstage im ....

Zinstage insgesamt = ...

Berechnung der Zinsen:

Z =

4. Ein Auszubildender überzieht sein Girokonto vom 03.04. bis zum 30.04. Die Bank berechnet für diese Überziehung 3,00 € bei einem Überziehungszinssatz von 8 %. Um wie viel Euro hat der Auszubildende sein Konto überzogen?

Was ist bekannt?

Berechnung des Kapitals:

K =

5. Eine Bank berechnet für die Kredit-Überlassung von 5 000,00 € bei einem Zinssatz von 7,2 % 240,00 € Zinsen. Welche Laufzeit hatte der Kredit?

Was ist bekannt?

Berechnung der Zinstage:

t =

6. Eine Bank verlangt für die Kapitalüberlassung von 4 000,00 € für 9 Monate 270,00 €. Welchen Zinssatz berechnete die Bank? Was ist bekannt?

....

....

....

....

Berechnung des Zinssatzes:

....

....

7. Diana Witt möchte ein Kapital von 5 600,00 € zu einem Zinssatz von 2,5 % für 8 Monate anlegen. Wie viel Euro Zinsen würde sie dafür erhalten?

....

....

....

....

.... ☐☐,☐☐ €

....

8. Timo möchte nach 10 Monaten bei einem Zinssatz von 3 % von seiner Bank 44,00 € Zinsen erhalten. Wie viel Kapital muss er hierfür bei seiner Bank anlegen?

....

....

....

....

.... ☐☐☐☐,☐☐ €

....

[Einstieg]
[Erarbeitung]
[Training]
[Projekte]
[Lernsituation]

9. Kevin hat bei seiner Bank ein Kapital von 3600,00 € für 8 Monate angelegt und dafür Zinsen in Höhe von 48,00 € erhalten. Welchen Zinssatz hat die Bank berechnet?

□ %

10. Für eine Geldanlage von 4800,00 € bei einem Zinssatz von 2,5 % wurden 90,00 € Zinsen gezahlt. Für welche Zeit wurde das Geld angelegt?

□□□ Tage

11. Die Volksbank Erfurt unterbreitet der Großhandlung Bauer GmbH für den Kauf eines neuen Staplers folgenden Finanzierungsvorschlag: Kreditsumme 20000,00 €, Zinssatz 4 %, Rückzahlung nach 3 Jahren und 6 Monaten. Berechnen Sie

a) die Zinsen für ein Jahr,

□□□,□□ €

b) die Zinsen für die gesamte Laufzeit des Kredites,

□□□□,□□ €

c) die Zinsbelastung pro Monat.

□□,□□ €

12. Die Lagerhausgesellschaft Hundertmark, Unna, erweitert ihr Kommissionierungslager. Sie rechnet mit einem zusätzlichen Gewinn in Höhe von 12000,00 € pro Jahr.
Wie viel Euro kann die Lagerhausgesellschaft investieren, wenn sie mindestens eine Kapitalrendite von 3,5 % erreichen möchte?

□□□□□□,□□ €

13. Die Transsped GmbH, Augsburg, finanziert einen neuen Lkw, Kaufpreis 98 000,00 €, per Bankkredit. Die monatlichen Zinsen betragen 673,75 €.
Berechnen Sie den Zinssatz des Bankkredits.

☐,☐☐ %

14. Ein Sparguthaben in Höhe von 16 000,00 € brachte mit einer 1,5-%igen Verzinsung 120,00 € Zinsen. Wie viele Tage war das Sparguthaben angelegt?

☐☐☐ Tage

15. Ein Sparguthaben in Höhe von 4 200,00 € wurde in der Zeit vom 07.02. bis 07.07. angelegt. Nach diesem Zeitraum wurden 70,00 € Zinsen gutgeschrieben. Zu welchem Zinssatz wurde das Sparguthaben angelegt?

☐ %

7 Umfangs-, Flächen- und Körperberechnung

Erarbeitungsaufgaben

1. In einem Lagerraum mit den Maßen 8 m · 12,50 m sollen stoßsichere Sockelkanten angebracht werden. Die Tür zu diesem Lager ist 2 m breit.

a) Wie viel m Sockelkanten werden benötigt?

Berechnung .... :

b) Der Boden soll mit einer strapazierfähigen Metallbeschichtung ausgelegt werden. Wie viel m^2 Metallbeschichtung sind erforderlich?

Berechnung .... :

[Einstieg]
[Erarbeitung]
[Training]
[Projekte]
[Lernsituation]

2. Eine Kiste soll eingelagert werden. Sie ist 2,80 m lang, 1,40 m breit und 1,80 m hoch.

a) Welches Volumen hat die Kiste?

Berechnung ....:

b) Welche Oberfläche hat die Kiste?

Berechnung ....:

3. Ein Flugzeugcontainer hat die Form einer Dreieckssäule mit den Maßen:

- g = 2,50 m
- l = 1,10 m
- h = 1,40 m

Welches Volumen hat diese Ladeeinheit?

☐,☐☐☐ m^3

4. Für einen runden Behälter muss ein Deckel nachbestellt werden. Der Behälter hat einen Durchmesser von 0,80 m.

a) Welchen Umfang hat der Deckel?

☐,☐☐☐ m

b) Welchen Flächeninhalt hat der Deckel?

☐,☐☐☐ m^2

5. Eine Europalette hat die Seitenlängen 120 cm und 80 cm.

a) Welchen Umfang hat die Europalette in m?

☐,☐☐ m

b) Welchen Flächeninhalt hat die Europalette in m^2?

☐,☐☐ m^2

8 Vermischte Aufgaben

Trainingsaufgaben

1. Berechnen Sie die Nettokosten (ohne Umsatzsteuer) eines Gabelstaplergetriebes in Euro, wenn es ursprünglich netto 3280,00 € kostet, der Lieferant aber 25 % Spezialrabatt gewährt. □□□□,□□ €

2. Bei der Lagerei Tom Bayer OHG soll ein zylindrischer Behälter mit einem Bodenradius von r = 1,8 m auf einem quadratischen Fundament errichtet werden.

   Berechnen Sie, welche Mindestfläche das quadratische Fundament aufweisen muss. □□,□□ m^2

3. Eine Warensendung besteht aus 4 Kartons mit folgenden Gewichten:

Karton 1	1250 g
Karton 2	2,825 kg
Karton 3	1 ¾ kg
Karton 4	0,005 t

   Wie viel kg Gesamtgewicht hat die Warensendung? □□,□□□ kg

4. Die Einlagerung einer Europalette dauert 75 Sekunden.

   Berechnen Sie, wie viel Europaletten während einer 39 Stunden-Arbeitswoche eingelagert werden können. □□□□ Pal.

5. Wie viel m^3 Lagerraum benötigen 720 Schachteln, die 85 cm lang, 50 cm breit und 22 cm hoch sind? □□,□□ m^3

6. Ein Satz Winterreifen wird zum Gesamtpreis von 320,00 € angeboten. Sie erhalten Mitarbeiterrabatt von 15,0 %. Wie viel Euro müssen Sie für Reifen bezahlen? □□□,□□ €

7. Für die Einlagerung einer neuen Kollektion benötigen 10 Facharbeiter erfahrungsgemäß 6 Tage.

   Berechnen Sie, wie viele Facharbeiter zusätzlich eingesetzt werden müssen, wenn die Umbauarbeiten bereits nach 5 Tagen abgeschlossen sein sollen. □ Facharbeiter

8. Der Lagervorrat für ein Ersatzteil reicht bei einem täglichen Verbrauch von 150 Stück für 15 Tage. Berechnen Sie, wie viel Tage der Vorrat reicht, wenn 20 % mehr Ersatzteile verbraucht werden. □□,□□ Tage

9. Ein Lkw verbrauchte in der letzten Woche für 3400 km Fahrt insgesamt 952 Liter Treibstoff.

   Berechnen Sie, wie viel Euro Treibstoffkosten auf 100 km entfallen, wenn der Preis pro Liter 1,40 € beträgt. □□,□□ €

10. Berechnen Sie, wie viele Stunden der Seetransport zwischen Abfahrtshafen und Empfangshafen dauert, wenn ein Containerschiff 3200 Seemeilen mit einer Durchschnittsgeschwindigkeit von 16 Knoten (16 sm) zurücklegt. □□□,□□ Std.

Bildquellenverzeichnis

ALFOTEC GmbH, Wermelskirchen: 138.2, 138.3, 138.4

Baaske Cartoons, Müllheim: Werner Tiki Küstenmacher - www.motivationsposter.de 70.2

BC GmbH Verlags- und Medien-, Forschungs- und Beratungsgesellschaft, Ingelheim: 9.1, 9.2, 9.3, 9.4, 9.5, 9.6, 72.1, 72.2, 72.3, 72.4, 72.5, 155.2, 155.3, 155.4, 155.5

Berghahn, Matthias, Bielefeld: 68.1

BEUMER Maschinenfabrik GmbH & Co. KG, Beckum: 139.2

Bildarchiv Werner Bachmeier, Ebersberg: 8.5

BOSCHE GmbH & Co. KG, Damme: 96.8

Columbus McKinnon Industrial Products GmbH, Wuppertal: 136.5

Dematic GmbH, Bremen: 138.5

dreamstime.com, Brentwood: Midosemsem 136.4

Dürkopp Adler AG, Bielefeld: 139.1

elmor AG, Schwyz: elmor.ch 96.1

Ernst Müller GmbH & Co. KG, Nürnberg: NEDCON 61.1

fetra Transportgeräte, Borgholzhausen: 162.3

Forster Metallbau Gesellschaft m.b.H., Waidhofen an der Ybbs: 64.1

fotolia.com, New York: alexlmx 96.7; Andre Adams 15.1; Antonio Gravante 103.1; axentevlad 96.5; Bertold Werkmann 104.1; bilderzwerg 10.1; Dark Vectorangel 8.4; Dierks, Janina 163.1; Digitalpress 8.2; dinostock 41.1; endostock 8.1; finart-collection 121.1; Gehkah 4.9, 167.1; Gina Sanders 121.3; Ideeah Studio 1.3, 1.4, 2.3, 2.4, 3.3, 3.4, 4.3, 4.4, 4.5, 4.6, 5.3, 5.4, 5.5; industrieblick 96.6; John Takai 15.2; Kempf, Michael 12.3; Luminis 136.2; magann 20.1; Maksym Yemelyanov 143.4; Michaela Münch 59.1; Müller, Almut 12.2; Oleksandr Delyk 35.13, 35.14; Perrush 11.1; Picture-Factory 163.2; Rovagnati, Julián 12.1; Stefan Häuselmann 126.1; Stefan Müller 8.3; Stefan Schurr 155.6; Yuri Arcurs 81.1

FS-Hebetechnik GmbH, Oberkümmering: 140.4

Gabriel Transportsysteme GmbH, Eslohe: 136.6

Hild, Claudia, Angelburg: 7.1, 22.1, 26.1, 27.1, 32.1, 33.1, 33.4, 36.1, 37.1, 38.1, 40.1, 50.1, 52.1, 54.1, 54.2, 58.1, 62.1, 63.1, 67.1, 70.1, 75.1, 86.2, 89.1, 92.1, 94.1, 95.2, 97.1, 106.1, 108.1, 110.1, 137.1, 139.4, 140.1, 140.2, 141.1, 141.2, 141.3, 144.1, 144.2, 145.1, 148.1, 148.2, 149.1, 154.1, 155.1, 156.1, 158.1, 164.1

Hüter, Michael, Stiftung Jugend und Bildung, Bochum: www.dguv.de/lug BBS, Leitern und Tritte 12/2011 Arbeitsblatt 1 152.1

Interfoto, München: Neon 2 140.3, 140.5

iStockphoto.com, Calgary: 3alexd 139.3; d-l-b 5.6; Dmitry Kalinovsky 17.1; dusanpetkovic 142.7; Irina_Strelnikova 35.4, 35.5, 35.6, 35.10, 35.11, 35.12; MARIA TOUTOUDAKI 121.2; monkeybusinessimages 25.2; Richard Nelson 133.1; RobinOlimb 35.1, 35.2, 35.3, 35.7, 35.8, 35.9; tomczykbartek 113.1; vm 157.2; Wojcik, Jaroslaw 1.1, 2.1, 3.1, 4.1, 4.7, 5.1

Jungheinrich AG: 143.1, 143.2, 143.3

Karl Dahm Werkzeuge & Partner GmbH, Seebruck: 2-Kopf-Saugheber mit Sicherheitsanzeige, Art. 11799 136.9

Köbberling, Andrea, Kassel: 86.1, 166.1, 166.2, 166.3, 166.4, 166.5

Leica Geosystems AG, Heerbrugg (Schweiz): 96.9

OHAUS Europe GmbH, Nänikon: 96.2

photothek, Radevormwald: Liesa Johannssen 142.4, 142.5, 160.1

Picture-Alliance GmbH, Frankfurt/M.: dpa/Angelika Warmuth 142.3; Waltraud Grubitzsch/dpa-Report 31.2

plainpicture, Hamburg: Buero Monaco 138.1, 157.1

RBB GmbH & Co. KG, Ottersberg: 90.1, 90.2, 90.3

SAV GmbH, Nürnberg: 136.7

Schwarz Transportgeräte GmbH, Versmold: 136.3

Shutterstock.com, New York: Jaimie D. Travis 151.1
SICK AG, Waldkirch: 24.5
SOCO SYSTEM: 138.7
STARK GmbH - kuriershop.de, Oberursel: 136.8
STILL GmbH, Hamburg: 28.1, 142.6, 161.1, 161.2, 161.3, 161.4, 161.5
stock.adobe.com, Dublin: Adam, Szerdahelyi 100.1; Armyagov, Andrey 99.1; C. Strom 99.3; castecodesign 100.3; Dario Lo Presti 98.2; eyetronic 82.1; goliat&friends 142.1; ii-graphics 76.1; industrieblick 122.1; jonigraph 142.2; lesslemon 99.8; madedee 25.4, 25.5, 25.6, 25.7; malkovkosta 99.6; nerthuz 162.1, 162.2; Otto 99.4; pholidito 98.1; phonlamaiphoto 24.6, 24.7; rh2010 99.7; rostov777 101.1; Siwakorn 96.3; slavonstok 100.7; sljubisa 25.8; Söllner, Thomas 1.2, 2.2, 3.2, 4.2, 4.8, 5.2; stockphoto-graf 100.2; surfmedia 99.2; sveta 32.3, 33.3; TATIANA 100.5; TeraVector 24.1, 24.2; Timmary 99.5; tl6781 100.4; topvectors 24.3, 24.4; Torsten 32.2, 33.2; aTrueffelpix 25.1; vanillya 23.1; vectorpocket 25.3; Yemelyanov, Maksym 100.6
Stürmer Maschinen GmbH, Hallstadt: 136.1
TRANSNORM SYSTEM GmbH, Harsum: 138.6
ullstein bild, Berlin: Yavuz Arslan 44.1
vario images, Bonn: Tetra Images 31.1
viastore SYSTEMS, Stuttgart: 131.1
VOGEL GERMANY GmbH & Co. KG, Kevelaer: 96.4
Wagner Solar GmbH, Kirchhain: 95.1
Umschlagfoto: Elsner, Anette, Bremen

Wir arbeiten sehr sorgfältig daran, für alle verwendeten Abbildungen die Rechteinhaberinnen und Rechteinhaber zu ermitteln. Sollte uns dies im Einzelfall nicht vollständig gelungen sein, werden berechtigte Ansprüche selbstverständlich im Rahmen der üblichen Vereinbarungen abgegolten.

westermann

Andrea Köbberling, Sandra Adams, Manfred Eberhardt, Angelika Fresenborg, Michael Weckbach

Alles auf Lager

Fachlageristen –
Fachkräfte für Lagerlogistik
Grundqualifikation. Trainingsbuch
1. Ausbildungsjahr

2. Auflage

Bestellnummer 4870

Die in diesem Produkt gemachten Angaben zu Unternehmen (Namen, Internet- und E-Mail-Adressen, Handelsregistereintragungen, Bankverbindungen, Steuer-, Telefon- und Faxnummern und alle weiteren Angaben) sind i. d. R. fiktiv, d. h., sie stehen in keinem Zusammenhang mit einem real existierenden Unternehmen in der dargestellten oder einer ähnlichen Form. Dies gilt auch für alle Kunden, Lieferanten und sonstigen Geschäftspartner der Unternehmen wie z. B. Kreditinstitute, Versicherungsunternehmen und andere Dienstleistungsunternehmen. Ausschließlich zum Zwecke der Authentizität werden die Namen real existierender Unternehmen und z. B. im Fall von Kreditinstituten auch deren IBANs und BICs verwendet.

westermann GRUPPE

Die Seiten dieses Arbeitshefts bestehen zu 100 % aus Altpapier.

Damit tragen wir dazu bei, dass Wald geschützt wird, Ressourcen geschont werden und der Einsatz von Chemikalien reduziert wird. Die Produktion eines Klassensatzes unserer Arbeitshefte aus reinem Altpapier spart durchschnittlich 12 Kilogramm Holz und 178 Liter Wasser, sie vermeidet 7 Kilogramm Abfall und reduziert den Ausstoß von Kohlendioxid im Vergleich zu einem Klassensatz aus Frischfaserpapier. Unser Recyclingpapier ist nach den Richtlinien des Blauen Engels zertifiziert.

Druck und Bindung: Westermann Druck GmbH, Georg-Westermann-Allee 66, 38104 Braunschweig

ISBN 978-3-8045-**4870**-9

Alles auf Lager

Alle Themen der ersten beiden Jahre der Ausbildung zur *Fachkraft für Lagerlogistik* und der gesamten Ausbildung zur *Fachlageristin*/zum *Fachlageristen* sind in der Grundqualifikation enthalten. Für die ersten beiden Ausbildungsjahre ist jeweils ein Trainingsbuch passend zum Informationsband erhältlich. Die von den Fachkräften für Lagerlogistik im dritten Ausbildungsjahr benötigten Inhalte befinden sich in der Fachqualifikation und dem dazugehörigen Trainingsbuch.

Einsatz des Trainingsbuchs im Unterricht

Das Buch **Grundqualifikation. Trainingsbuch** ist im Unterricht parallel zum Titel **Grundqualifikation. Informationsband** (BN 5366) einsetzbar. Zu den einzelnen Kapiteln des Informationsbandes bietet das Trainingsbuch:

- **Einstiegssituationen** – dienen als Einstieg in ein neues Kapitel des Informationsbandes, sie knüpfen an das Vorwissen an und erzeugen Neugier bzw. Handlungsdruck,
- **Erarbeitungsaufgaben** – vertiefende Aufgaben, die mithilfe des Informationsbandes oder in der Klasse gelöst werden können,
- **Trainingsaufgaben** – wiederholende Aufgaben am Ende eines Kapitels.

Außerdem enthält das Trainingsbuch zu jedem Lernfeld:

- **Projekte und Aktionen** – sind kapitelübergreifend, stellen eine Verbindung zwischen Theorie und Praxis her,
- **Lernsituationen** – sind ebenfalls kapitel- und lernfeldübergreifend, dienen der Anwendung von Fachwissen und bereiten auf die praktische Prüfung vor.

Zusätzlich: Vorbereitung auf die Prüfung

Die Autoren der Reihe haben das Ziel, die Auszubildenden bereits vom ersten Unterrichtstag an auf ihre Prüfung vorzubereiten. Dies soll vor allem durch die Trainingsaufgaben erreicht werden. Wenn die Schüler bei der Beantwortung der Trainingsaufgaben regelmäßig dazu angehalten werden, ihr Wissen systematisch auf Karteikarten zu sammeln, können diese Karten entweder zum selbstständigen Lernen zu Hause in Form der Lernkartei oder zum spielerischen Wiederholen mit dem Spiel **Alles auf Lager – Das Quiz** in der Schule verwendet werden.

Die Anleitungen zum Lernen mit der Lernkartei sowie für das Spiel **Alles auf Lager – Das Quiz** finden Sie beim zum Lehrerhandbuch (BN 4887) erscheinenden Downloadmaterial und können für alle Schülerinnen und Schüler entsprechend vervielfältigt werden.

Für Verbesserungsvorschläge und Anregungen sind Verlag und Autoren stets dankbar.

Winklers Verlag, Frühjahr 2021

Lernfeld 1 Güter annehmen und kontrollieren

Lernfeld 2 Güter lagern

Lernfeld 3 Güter bearbeiten

Lernfeld 4 Güter transportieren

Fachrechnen

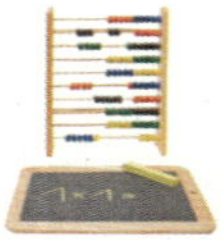